리넨소품
손바느질

손바느질 리넨 소품

초판 1쇄 발행 2016년 3월 5일
초판 2쇄 발행 2016년 9월 10일

지은이 조아라
펴낸이 이지은   **펴낸곳** 팜파스
기획·진행 이진아   **편집** 정은아
디자인 조성미   **마케팅** 정우룡
인쇄 (주)미광원색사

출판등록 2002년 12월 30일 제 10-2536호
주소 서울특별시 마포구 어울마당로5길 18 팜파스빌딩 2층
대표전화 02-335-3681   **팩스** 02-335-3743
홈페이지 www.pampasbook.com | blog.naver.com/pampasbook
이메일 pampas@pampasbook.com

값 15,800원
ISBN 979-11-7026-075-2 (13590)

ⓒ 2016, 조아라

· 이 책의 일부 내용을 인용하거나 발췌하려면 반드시 저작권자의 동의를 얻어야 합니다.
· 잘못된 책은 바꿔 드립니다.

> 이 도서의 국립중앙도서관 출판시도서목록(CIP)은 서지정보유통지원시스템 홈페이지
> (http://seoji.nl.go.kr)와 국가자료공동목록시스템(http://www.nl.go.kr/kolisnet)에서
> 이용하실 수 있습니다.(CIP제어번호: CIP2016003528)

이 책에 나오는 작품 및 일러스트는 저자의 소중한 작품입니다.
지적 저작권은 저자에게 있으며 2차 수정·도용·상업적 용도의 사용을 금합니다.

하루 한 조각

리넨 소품
손바느질

조아라 지음

팜파스

Prologue

문구를 좋아해서 필통을 만든 것이 저의 첫 바느질이었습니다. 어설픈 솜씨로 완성한 그 필통이 왜 그리 예뻤는지 또 다른 것도 만들어보고 싶다는 생각이 들었습니다. 천을 구경하고 고르고, 작은 파우치부터 휴대전화 케이스, 카드지갑까지 매일매일 바느질을 해도 지겹지가 않은 신기한 날들이었습니다. 블로그를 시작해 하나둘 소개하기도 하고, 친구나 가족에게 선물하며 뿌듯함을 쌓아갔습니다. 그렇게 취미로 시작했던 바느질은 어느 순간 내가 필요한 것을 고민하고 원하는 디자인을 구상하여 만드는 작업이 되었습니다.

소품을 디자인하면서 바느질이 늘 즐겁지만은 않지만, 놓을 수 없는 이유 중 하나는 천을 정말 좋아하기 때문입니다. 마음에 드는 천을 만나면 만들고 싶은 것이 떠올라 바느질을 하게 됩니다. 사실 떠오르는 게 없어도 마음에 드는 천은 그냥 좋아서 가지고 있기도 합니다. 그 중에서도 리넨은 가장 아끼는 천입니다. 세탁한 다음의 구깃구깃한 리넨은 손에 닿는 느낌도 좋지만, 바늘을 넣고 실을 당길 때에 잘하고 있다는 기분을 주어서 바느질이 무척 즐겁습니다. 그래서 저는 손바느질로 리넨 소품을 만들고 있습니다. 바느질을 꼭 반듯하게 잘할 필요도 없기 때문에 손바느질을 하고 싶다면 리넨을 권합니다.

이 책에는 그동안 소품을 만들면서 쌓이게 된 저의 바느질을 담았습니다. 그 방법이 낯설더라도 바느질의 새로운 즐거움으로 다가간다면 좋겠습니다. 패턴과 만드는 방법에 대한 고민을 많이 했기 때문에 어려워 보이는 소품도 쉽게 접근하는 데 도움이 될 수 있을 것입니다. 서툰 바느질이더라도 자신에게 필요한 것들을 하나씩 만들어가고, 마음이 고스란히 담긴 선물로 전해지길 바랍니다.

연남동 어피스어데이 작업실에서
조아라

Contents

Prologue ·································· 5

손바느질하다

Basic 01　손바느질의 도구 ·················· 12
Basic 02　손바느질의 재료 ·················· 16
Basic 03　손바느질의 기초 ·················· 20
Basic 04　소품 만들기 기초 ················· 26
Basic 05　리넨을 고르고 소품을 만든다 ······ 36

1
가벼운 마음으로

Coaster
코스터

40

Potholder
팟홀더

44

Hand Towel
핸드타월

48

Table Mat
테이블 매트

53

Tray
트레이

56

Hanging Basket
행잉 바스켓

61

Pincushion
핀쿠션

64

Roll Case
롤 케이스
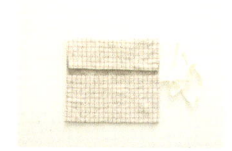
68

Small Storage Bag
스몰 스토리지백

73

Handbag
핸드백

77

Card Pocket
카드포켓

81

Hand Strap
핸드 스트랩

85

Tissues Cover
티슈커버

88

Tissues Cover for Travel
트래블 티슈커버

92

String Pouch for Travel
트래블 스트링파우치

97

2
조금 진지하게

Two way pocket
투웨이 포켓

103

Coin Purse
코인퍼스

106

Diary Cover
다이어리 커버

110

Dot Pocket Pouch
도트포켓 파우치

114

Pencil Case
펜슬 케이스

118

Work Apron
워크 에이프런

123

Notebook Case
노트북 케이스

126

Lunch Bag
런치백

130

3
정성을 다하는

Wall Pocket
월 포켓

136

Multi Pocket Pouch
멀티포켓 파우치

140

Patchwork Curtains
패치워크 커튼

146

Tote Bags
토트백

150

Bag in Bag
백인백

154

도안 …… 160

손바느질하다

Basic 01
손바느질의 도구

1. 기본도구

① **바늘** 자신의 손에 맞아 바느질이 편안한 길이와 두께를 선택하는 것이 좋습니다. 소품을 만들 때는 두껍지 않은, 길이 3~3.5cm 정도의 바늘을 추천합니다. 사용하다가 휘어지면 교체합니다.

② **퀼팅실** 손바느질을 위한 퀼팅실은 일반 재봉실보다 튼튼하고 열에 강하며 꼬임이 적은 편입니다. 소재는 면과 폴리에스테르가 있고 브랜드마다 광택과 굵기의 차이가 조금씩 있습니다. 베이지와 아이보리는 가장 많이 쓰이는 기본 색상입니다.

③ **골무** 두꺼운 천에서 바늘을 쉽게 빼내도록 도와줍니다. 고무골무는 엄지나 검지에 끼워 바늘을 당기고, 링골무는 중지에 끼워 바늘머리를 밀어주는 데 사용합니다.

④ **핀** 천이 밀리지 않도록 임시로 고정하기 위해 완성선을 기준으로 꽂아 사용합니다. 가늘고 긴 핀이어야 천에 자국이 남지 않고 틀어짐이 덜합니다.

⑤ **핀쿠션** 바늘과 핀은 잃어버리기 쉽고 잘못 두면 다칠 수 있기 때문에 작업 중에는 핀쿠션에 꽂아 보관하는 것이 좋습니다.

⑥ **가위** 큰 가위는 천을 자르는 용도로, 작은 가위는 실을 자르는 용도로 사용합니다.

⑦ **실뜯개** 잘못 놓은 실선을 뜯어내거나 천에 구멍을 만들 때 사용합니다.

⑧ **수성펜** 완성선을 그리는 데 사용하고, 완성 후 물을 뿌리면 사라집니다.

⑨ **시접자, 줄자** 길이를 측정하고 완성선을 그리는 데 사용합니다. 시접자는 사이즈별로 시접이 표시되어 재단할 때 편리합니다.

⑩ **바늘닦이** 변색되어 사용감이 뻑뻑해진 바늘을 닦아내 오래 사용할 수 있도록 합니다.

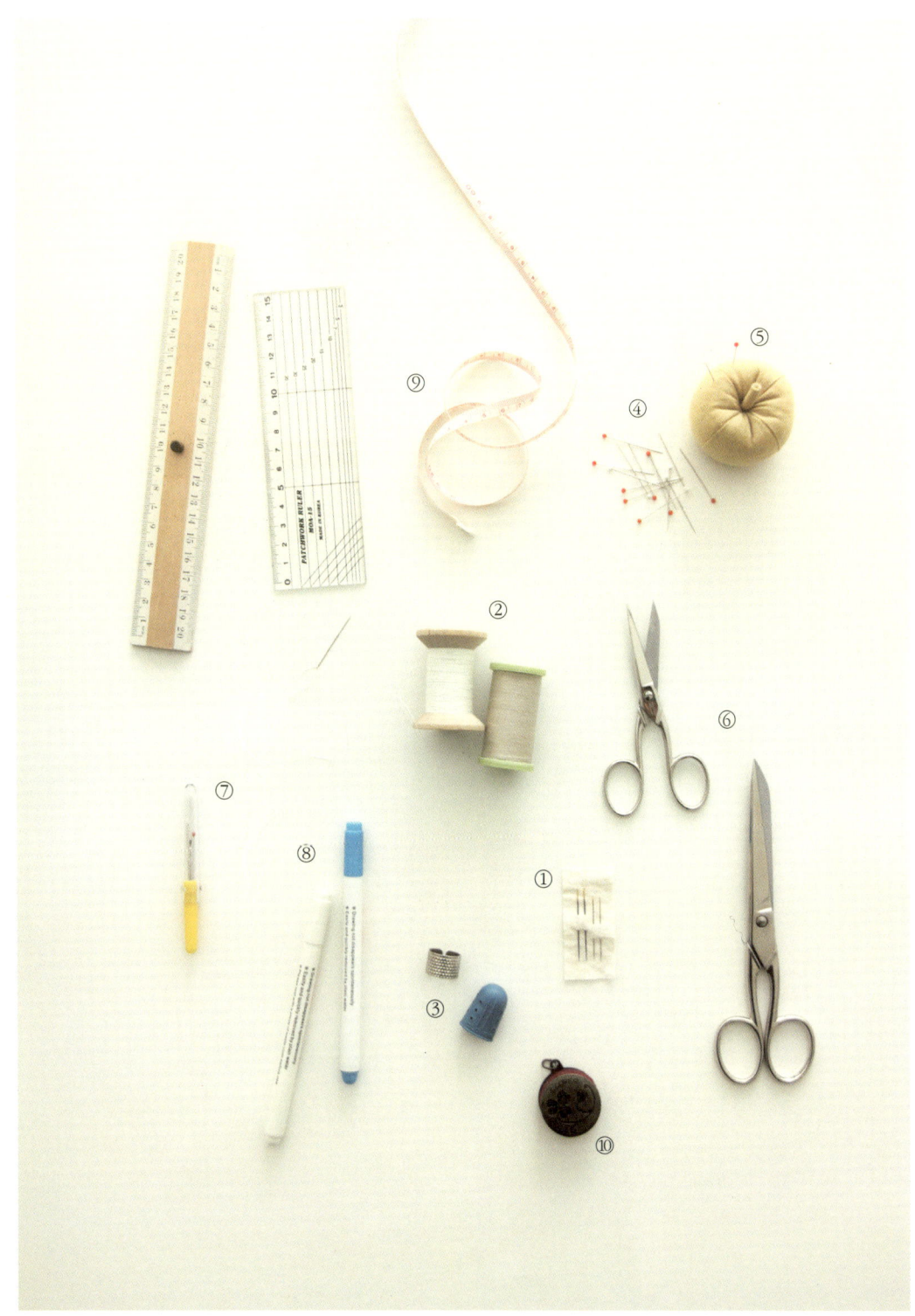

2. 보조도구

① **다리미** 천의 종류에 따라 온도를 맞춰 사용합니다. 접착심을 붙이거나 시접 방향을 정리하고, 완성 후 모양을 다듬을 수 있습니다.

② **가시도트기구** 가시도트를 달 때 사용합니다. 누름쇠와 몰드로 구성되어 있습니다.

③ **리벳기구** 리벳을 달 때 사용하며 가시도트 기구와 구성은 동일합니다.

④ **고무망치** 가시도트와 리벳을 달 때 기구를 두드려주는 용도입니다.

⑤ **송곳** 가죽끈을 연결할 때 미리 바늘구멍을 뚫어 표시하거나, 리벳을 끼워야 하는 곳에 구멍을 만들 때 사용합니다.

⑥ **펜치** 와이어를 구부리거나 가죽끈을 매듭지을 때 사용합니다.

Basic 02
손바느질의 재료

 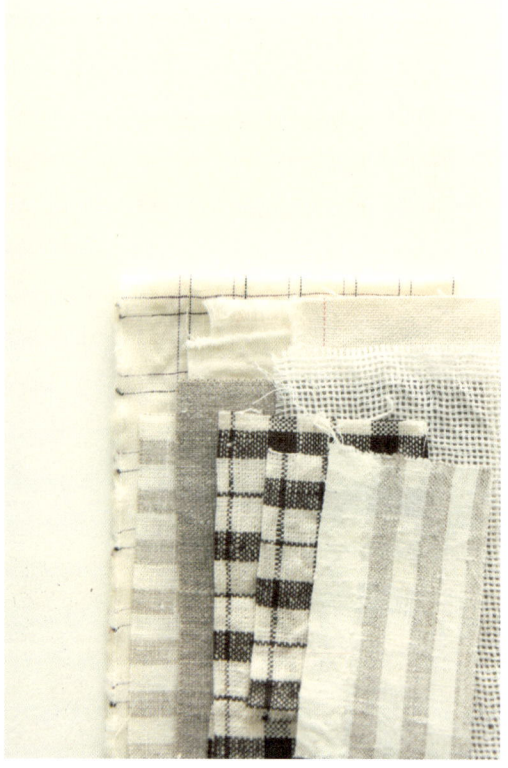

1. 코튼과 리넨

코튼은 목화솜, 리넨은 식물의 줄기로부터 얻은 섬유로 직조된 천연원단입니다. 소품 만들기에는 10~30수의 코튼과 리넨을 많이 사용합니다. 여기서 '수'는 직조에 사용된 실의 굵기에 따른 것으로, 숫자가 작을수록 실이 굵어져 두꺼운 원단입니다. 코튼은 화학 가공되지 않은 광목부터 다양한 프린트의 원단과 옥스퍼드, 캔버스 등 도톰하고 힘 있는 원단까지 소품의 재료로 폭넓게 사용됩니다. 리넨 또한 최근 국내에서도 생활의 패브릭으로 각광받으며 두께나 프린트가 다양한 종류로 소개되고 있습니다.

2. 리넨에 대해

책의 주요 소재로 다루는 리넨은 햄프, 라미와 같이 마직물의 한 종류입니다. 흡수성과 통기성이 좋아 물을 흡수하고 빨리 마르기 때문에 키친클로스나 에이프런 등 생활 속의 다양한 패브릭으로 활용됩니다. 사용하면 구김이 많이 생기지만 이러한 특성이 있어 리넨은 자연스러운 옷감으로 사랑받기도 하며, 시간이 지날수록 친근해지는 소재입니다. 수분을 만나면 수축되는 성질이 있어 작업 전에 세탁을 해주는 것이 좋습니다. 세탁은 미지근한 물에 중성세제로 가볍게 손빨래하거나, 양이 많다면 세탁망에 넣어 약하게 세탁하면 됩니다. 완성된 리넨 소품의 경우 세탁 시 변형이 일어날 수 있어 가급적 오염된 부분만 닦아내는 것이 좋지만, 세탁이 필요하다면 가볍게 손빨래한 후 모양을 잡아 그늘에서 자연 건조하는 것이 좋습니다.

3. 부재료

① **퀼팅솜** 천에 두께를 더하는 용도입니다. 천의 뒷면에 대고 천과 함께 꿰매어 사용합니다. 소품에는 2~4온스의 퀼팅솜을 주로 사용합니다.

② **패딩솜** 압축된 퀼팅솜보다 폭신폭신한 솜입니다. 사용법은 동일하며 도톰하면서 가벼운 소품에 사용합니다.

③ **방울솜** 부피를 더할 때 소품 안에 채워서 사용합니다.

④ **접착심** 천의 두께를 보완하고 힘을 더할 때 사용합니다. 소품의 각을 살리거나, 단추나 가시도트 등 여밈이 달린 부분이 미어지지 않도록 천의 뒷면에 접착합니다.

⑤ **양면접착시트** '휘저블 웹'이라고 합니다. 천과 천을 붙이고 싶을 때, 주로 패치워크 작업에 사용하며 올 풀림을 방지할 수 있습니다.

⑥ **지퍼** 자주 열고 닫는 소품에는 튼튼한 금속재질의 지퍼를 사용하면 좋습니다.

⑦ **단추** 바느질로 고정하여 여밈이나 장식의 요소로 사용할 수 있습니다.

⑧ **가시도트** 쉽게 열고 닫을 수 있어 많이 쓰이는 금속재질의 버튼입니다. 도구가 따로 필요하지만 사용하는 방법이 간단해 편리합니다.

⑨ **스냅버튼** 간단한 여밈으로 사용하며, 별도의 도구 없이 바느질로 고정할 수 있습니다.

⑩ **리벳** 두꺼운 천이나 가죽에 못처럼 끼워서 단단히 고정하는 용도의 부속품입니다.

⑪ **코튼테이프, 리넨테이프** 다양한 폭으로 소개되며 스트랩, 라벨 등으로 소품에 두루 활용되는 재료입니다.

⑫ **가죽테이프** 지퍼의 고리, 손잡이 등으로 많이 쓰입니다.

⑬ **면끈** 파우치의 조이는 끈으로 사용합니다.

⑭ **자수실** 포인트 스티치를 놓거나 단추를 달 때 2~3가닥으로 겹쳐 사용합니다.

Basic 03
손바느질의 기초

1. 바느질하기

손바느질은 여러 번 해보며 자신의 손에 편안한 땀을 익히고 일정한 간격으로 맞춰가는 것이 중요합니다. 정해진 땀의 크기는 없기 때문에 조금 삐뚤더라도 원단과 실에 맞도록 적당한 힘으로 바느질한다면 실선의 모습은 예쁘게 보일 수 있습니다. 한 번에 원단을 꿰는 것보다, 바늘을 넣고 뒤로 살짝 뺀 다음 앞으로 꺼내어 실을 당겨주는 순서로 차근차근 하면 원단의 틀어짐 없이 가지런한 바느질이 됩니다.

시침질

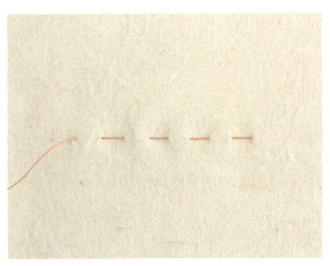

원단을 임시 고정할 때 듬성듬성 놓는 바느질로, 작업이 끝나면 시침질의 실은 제거합니다.

홈질

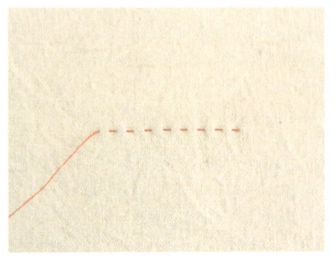

한 땀씩 직진해나가는 바느질로, 주로 원단 위에 상침하여 실선을 놓을 때 홈질을 합니다.

공그르기

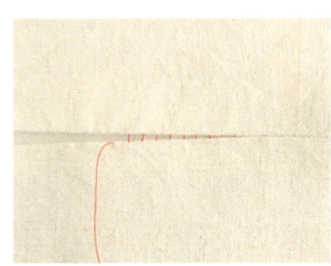

바늘땀이 보이지 않도록 숨기며 연결하는 바느질입니다. 창구멍을 막을 때 공그르기를 합니다.

박음질

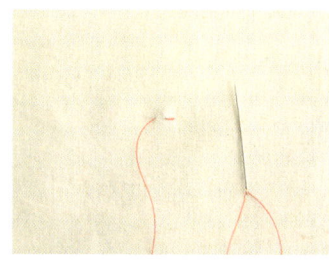

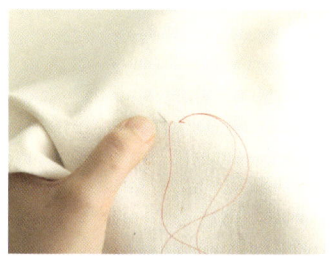
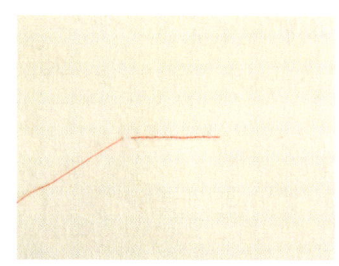

한 땀 뒤로 갔다가 두 땀 앞에서 나오는 바느질로 원단을 단단히 연결할 수 있습니다.

겹홈질

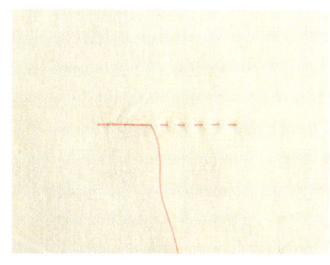

홈질을 한 번 하고 비어 있는 땀을 다시 홈질로 채우는 바느질입니다. 바늘을 수직으로 넣었다 빼며 균일한 간격으로 첫 번째 홈질을 해야 두 번째 홈질도 쉽게 할 수 있습니다. 원단의 앞뒤로 동일한 박음질선이 보여 깔끔합니다.

2. 매듭짓기

시작

① 바늘에 퀼팅실 1가닥을 끼워 비대칭의 길이로 걸어놓습니다.

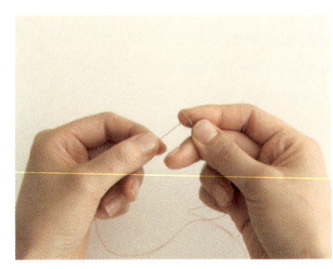

② 긴 쪽의 실 끝을 바늘과 교차되게 놓아주세요.

③ 바늘에 실을 3~4번 감아주세요. 많이 감을수록 매듭이 두꺼워집니다.

④ 실을 감아놓은 부분을 잡아 고정한 상태로

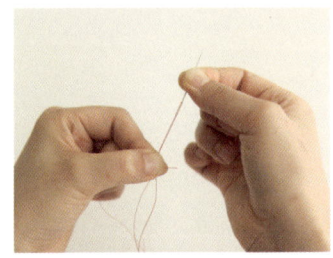

⑤ 바늘을 위로 끝까지 빼내면

⑥ 매듭이 됩니다.

마무리 I

 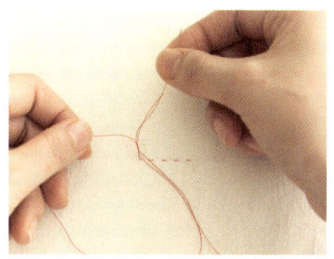 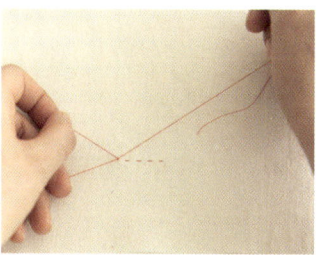

① 빼낸 실을 잡고 바늘을 감아 넣어주세요.
② 실고리를 통과해 바늘을 빼내고
③ 실고리와 바늘을 팽팽히 잡습니다.

④ 매듭지어질 곳을 엄지로 누른 상태로 끝까지 바늘을 당기면
⑤ 매듭이 됩니다.

마무리 II

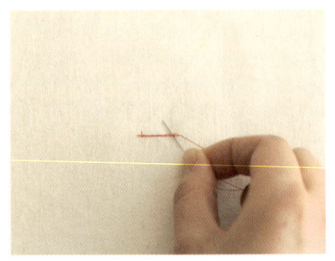 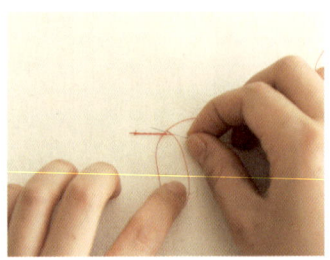 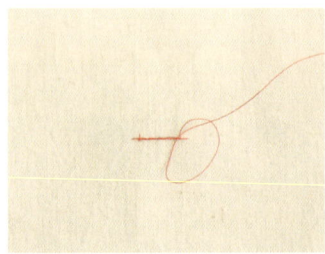

① 빼낸 실의 바로 옆에 있는 바늘땀과 천 사이로 바늘을 넣어주세요.

② 바늘을 빼며 만들어진 실고리에 다시 바늘을 통과시키고

③ 끝까지 당겨주면

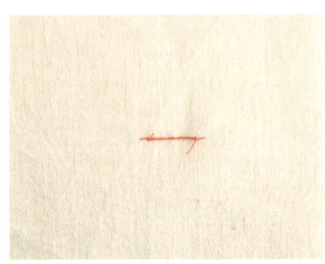

④ 매듭이 됩니다.

숨기기

① 빼낸 실의 바로 옆에 있는 바늘땀과 천 사이로 바늘을 넣어주세요.

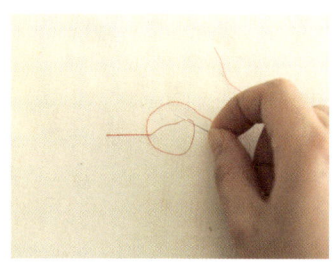

② 바늘을 빼며 만들어진 실고리에 다시 바늘을 통과시켜

③ 매듭을 짓고 나면

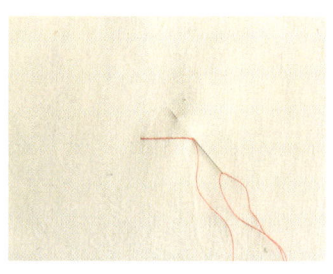

④ 매듭의 땀구멍을 통해 원단 사이의 공간으로 바늘을 넣어 아무 곳으로나 나옵니다.

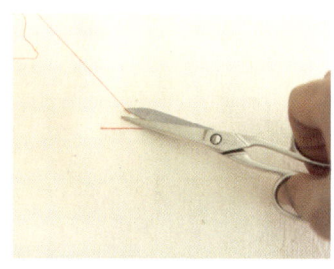

⑤ 실을 당겨 매듭을 땀구멍으로 숨긴 다음 남은 실은 잘라냅니다.

Basic 04
소품 만들기 기초

완성도 높은 소품을 만들기 위한 자세한 방법들을 정리했습니다.

모서리 뒤집기

① 모서리는 시접이 뭉치지 않도록 잘 정리하는 것이 중요합니다.

② 겉면이 밖으로 나오도록 창구멍을 통해 뒤집은 다음

③ 창구멍으로 다시 모서리만 살짝 꺼내주세요.

④ ㄱ의 시접을 바느질선을 따라 접어서

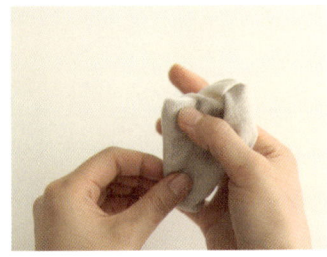

⑤ 접은 모양 그대로 다시 밖으로 뒤집어 빼냅니다.

⑥ 깔끔한 선이 나오도록 바늘로 모양을 정리합니다.

창구멍 막기

① 자연스럽게 이어지도록 창구멍의 선을 정리해 다림질합니다.

② 공그르기 할 실을 꿰어주세요.

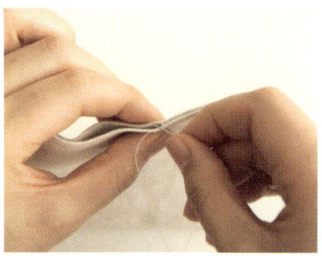

③ 서로 마주보는 자리에 실을 꿰며 공그르기합니다.

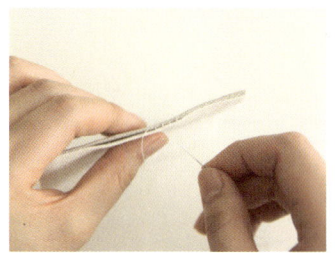

④ 3~4땀 가서 한 번씩 실을 당기며 모양을 정리합니다.

⑤ 공그르기가 끝난 실은

⑥ 다시 한 땀 돌아가서

⑦ 숨겨진 실 하나를 감아 실고리를 만들어 매듭을 짓습니다.

⑧ 바늘땀 사이에 바늘을 집어넣어 원단 사이로 숨기고 밖으로 빼냅니다.

⑨ 빼낸 실은 잘라내 마무리합니다.

지퍼 연결하기

지퍼가 상단에 올라가는 형태의 파우치를 만들 때, 지퍼가 울고 양끝 부분이 튀어나오지 않도록 깔끔하게 연결하기 위한 방법입니다. 지퍼의 양끝은 겉감과 바짝 붙여 연결하고, 톱니가 시작되는 곳부터는 지퍼면이 보이도록 겉감을 아래로 내려 연결합니다. 톱니와 겉감이 너무 가까우면 지퍼를 열고 닫을 때 슬라이더에 낄 수 있습니다.

① 겉감의 시접을 안쪽으로 접어 지퍼에 위치를 맞춘 다음, 핀으로 고정합니다.

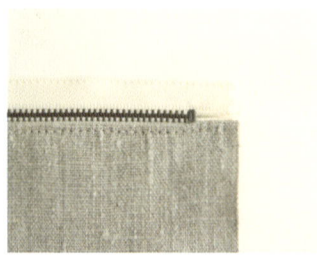

② 박음질로 연결합니다. 이때 지퍼의 양끝은 지퍼 면이 보이지 않도록 겉감을 바짝 붙여주세요.

③ 지퍼의 뒷면에서 봤을 때 실선의 모습입니다.

④ 한쪽의 연결이 끝나면 반대쪽도 사진과 같이 지퍼에 맞춰 시침핀으로 고정합니다.

⑤ 연결할 때 손의 움직임이 불편하면 슬라이더를 열어 박음질합니다.

겉안감 연결하기

① 안감은 겉감보다 가로 길이를 1cm 정도 작게 만들어 준비합니다.

② 안감 옆선의 시접은 가름솔하여 겉감 안에 넣고

③ 겉안감의 옆선이 만나는 부분을 먼저 맞춰주세요.

④ 옆선을 기준으로 안감의 자리를 잡은 다음, 핀으로 고정합니다.

⑤ 바늘을 지퍼 면과 겉감 사이로 넣어 지퍼 연결선 위로 빼냅니다.

⑥ 그리고 지퍼연결선이 숨겨지도록 바로 위에 공그르기를 해주세요.

⑦ 안감이 너무 올라가면 지퍼를 열고 닫을 때 낄 수 있으니 적당한 여유를 두고 연결합니다.

단추 달기

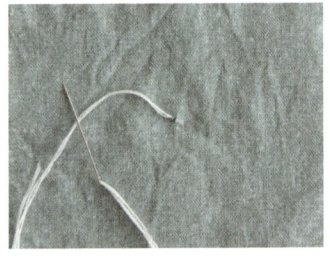 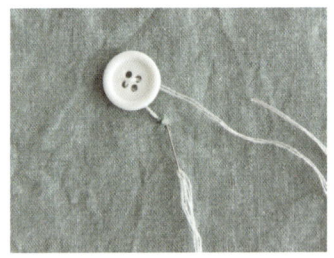 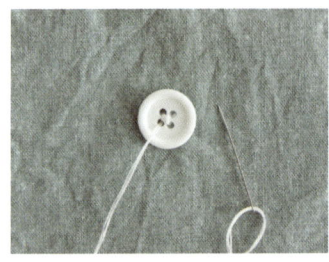

① 단추는 자수실 3가닥을 겹쳐 연결합니다. 단추가 달릴 곳 중심에 바늘을 넣어 첫 번째 구멍과 만나는 곳으로 빼냅니다.

② 단추의 첫 번째 구멍에 바늘을 넣고 대각선 방향의 구멍으로 나와 원단을 꿰며 고정해주세요.

③ 한 방향을 두 번씩 꿰며 단추구멍의 실선이 X자 모양이 되도록 연결합니다.

  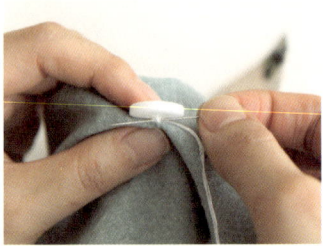

④ 단추구멍을 꿰는 과정이 끝나면 단추 아래로 바늘을 빼서

⑤ 단추 아래의 실을 3~4번 단단하게 감아주세요.

⑥ 다 감으면 실 한쪽을 꿰어 만든 실고리에 바늘을 넣어 매듭을 짓습니다.

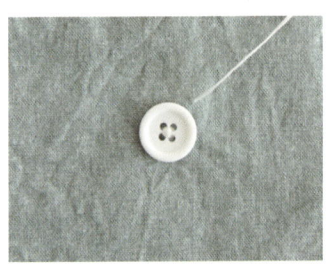

⑦ 남은 실은 겉감과 안감 사이로 바늘을 넣고 빼내어 잘라냅니다.

단추구멍 만들기

① 단추구멍을 만들 곳에 단추를 대어 길이를 표시합니다.

② 실뜯개로 길이만큼 찢어서 구멍을 만들어주세요.

③ 구멍의 테두리 2mm선을 두번 홈질해주세요.

④ 단추구멍은 자수실 2가닥으로 만듭니다. 겉안감 사이로 바늘을 넣어 홈질선에서 빼주세요.

⑤ 겉감의 홈질선 바로 밖에 바늘을 넣어 만든 실고리에, 단추구멍으로 빼낸 바늘을 넣습니다.

⑥ 매듭을 짓듯 적당한 힘으로 실을 당겨주세요.

⑦ 같은 방법을 반복합니다. 겉감에 바늘을 넣고

⑧ 단추구멍으로 빼낸 바늘을 실고리에 넣어

⑨ 끝까지 당겨 한 땀씩 만들어갑니다. 이런 바느질법을 버튼홀스티치라고 합니다.

가시도트 달기

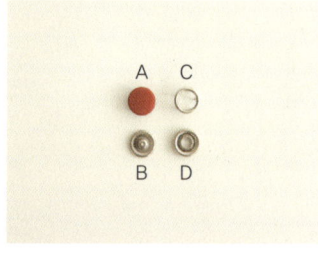

① 가시도트는 가시발이 있는 덮개부와 여밈부가 짝을 이룹니다. A-B, C-D 이렇게 짝을 지어주세요. A-D, C-B가 짝을 이뤄도 좋습니다

② 가시도트가 달릴 곳에 중심을 표시하고

③ 정확한 위치를 잡을 수 있도록 가시발이 있는 A(덮개부)를 먼저 원단에 끼웁니다.

④ 몰드 위에 천을 대고 사진과 같이 덮개부를 올려주세요. 천은 덮개부의 손상을 줄일 수 있습니다.

⑤ 가시발과 잘 맞물리도록 홈을 맞춰 B(여밈부)를 올리고

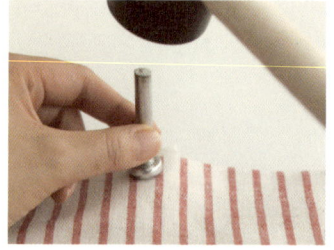

⑥ 그 위에 누름쇠를 올려 고무망치로 4~5번 두드려주세요. 균형 있게 물리도록 힘을 골고루 가합니다.

⑦ 여밀 수 있는 위치에 다른 짝도 동일한 방법으로 연결합니다.

스냅버튼 달기

① 스냅버튼은 4개의 구멍이 있어 자수실 3가닥으로 바느질해 원단에 고정합니다.

② 스냅버튼을 대어 4개의 구멍 위치를 표시하고

③ 중심에 바늘을 넣어 첫 번째 구멍과 만나는 곳으로 빼냅니다.

④ 스냅버튼의 첫 번째 구멍으로 바늘을 넣고 바깥으로 감으며 원단을 꿰어 고정해주세요.

⑤ 또 두 번째 구멍으로 바늘을 빼내 동일하게 고정합니다.

⑥ 각 구멍의 연결이 끝나면 바늘땀이 있는 곳으로 실을 빼내어

⑦ 바늘땀의 실을 감아 매듭을 짓습니다.

⑧ 남은 실은 겉안감 사이로 숨겨 잘라냅니다.

⑨ 여밀 수 있는 위치에 다른 짝도 동일한 방법으로 연결합니다.

리벳 달기

① 리벳은 맞물릴 수 있는 두 개의 짝으로 이뤄집니다.

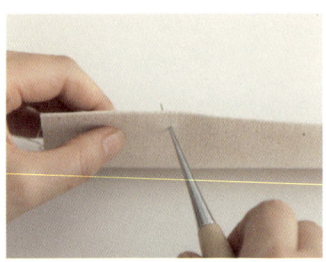

② 리벳을 끼우는 자리에 송곳으로 구멍을 만들고

③ 긴 부분을 끼워 짝을 맞물립니다.

④ 그다음 몰드 위에 올리고

⑤ 고무망치로 누름쇠를 두드려주면

⑥ 고정이 됩니다.

접착심 붙이기

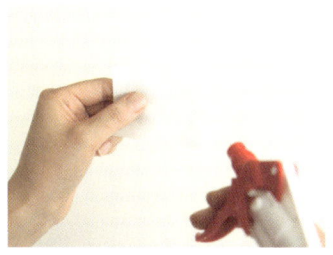 

① 접착제가 있는 오돌토돌한 면에 물을 충분히 뿌리고

② 원단 위에 올려 면 온도로 다림질 해주세요. 다리미 아래 천을 대면 접착심이 들러붙지 않습니다.

양면접착시트 붙이기

① 원하는 크기로 잘라낸 다음 뒷면의 종이를 떼어냅니다.

② 접착제가 있는 부분을 원단에 붙인 다음 면 온도로 5~10초 정도 다림질합니다.

③ 열이 충분히 식으면 종이를 떼어냅니다.

④ 그다음 붙이고 싶은 원단 위에 올려 다시 다림질합니다.

Basic 05
리넨을 고르고 소품을 만든다

① 어울리는 천을 고르는 가장 쉬운 방법은 컬러별로 구분하는 것입니다. 자투리가 있다면 서로 얹어보며 어울리는 천을 찾습니다.

② 그리고 무늬가 다르거나 질감이 조금씩 차이나는 리넨을 골라 전체의 모습을 구성해봅니다.

③ 이제 천천히 손바느질의 시간을 가져보세요. 바늘에 실을 끼우고

④ 2개의 리넨을 박음질로 이어서

⑤ 시접은 가름솔로 정리합니다.

⑥ 순서대로 이은 원단은 다림질을 한 다음

⑦ 연결선의 양옆을 홈질로 상침해 주세요.

⑧ 솜-겉감-안감의 순서로 얹어서

⑨ 창구멍을 남기고 테두리를 박음질합니다.

⑩ 시접이 두꺼워지지 않도록 솜의 여유분은 잘라냅니다.

⑪ 창구멍을 통해 뒤집고

⑫ 공그르기로 마무리하면 팟홀더가 완성됩니다.
- How to make 팟홀더(46p) 참고.

1
가벼운 마음으로

Coaster
코스터

리넨으로 코스터를 만들면 물기를 흡수하고 금세 마르기 때문에
늘 산뜻한 기분으로 사용할 수 있습니다.
네모반듯한 모양도 좋고 컵을 따라 동그란 모양도 만들어보세요.
차와 커피를 마시는 다정한 오후의 시간이 기다려집니다.

How to make 코스터

완성품 사이즈 10×10cm

- 재료의 모든 사이즈는 가로×세로이며 필요한 시접이 포함되어 있습니다.
- 기본 시접 1cm. 그 외 시접의 사이즈는 별도로 표시됩니다.

Material

앞면 …… 12×7cm 2장
뒷면 …… 12×12cm

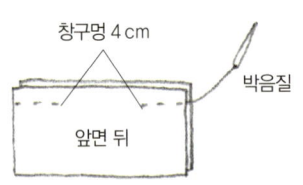 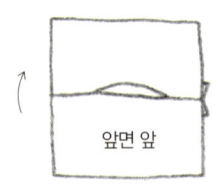 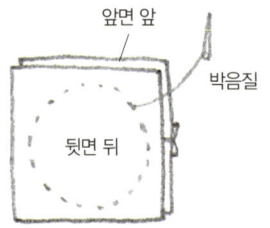

1. 앞면의 리넨 2장을 맞댄 후, 한쪽 선의 가운데 창구멍을 남기고 박음질합니다.

2. 연결된 2장을 펼치고 시접을 가름솔하여 모양을 깔끔하게 정리합니다.

3. 완성된 앞면 위에 뒷면을 올리고 완성선을 따라 박음질합니다.

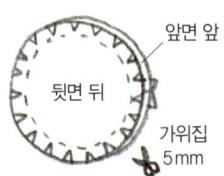 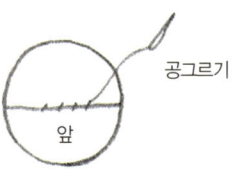

4. 박음질 선에서 1cm의 시접만 남기고 여유분은 잘라낸 뒤 가위집을 넣어주세요.

5. 창구멍을 통해 뒤집은 후, 공그르기로 마무리합니다. 직선 위에 창구멍을 만들어두면, 공그르기도 쉽고 동그란 모양을 깔끔하게 완성할 수 있습니다.

Potholder
팟홀더

폭신폭신한 솜을 넣어 만든 팟홀더는 냄비나 주전자의 손잡이를 잡을 때도 쓰이지만
뜨거운 것을 잠시 올려두기에도 좋습니다.
갖고 있던 리넨 몇 가지를 꺼내어 간단하게 패치워크해보세요.
가까이 걸어두고 쉽게 찾을 수 있도록 귀여운 고리도 꼭 필요합니다.

How to make 팟홀더

완성품 사이즈 12×17cm 패치워크 완성 사이즈 14×19cm

Material

앞면 a ··· 8.5×9cm
　　　b ··· 7.5×9cm
　　　c ··· 14×8cm
　　　d ··· 14×6cm

뒷면 ······ 14×19cm
7mm 코튼테이프 ····· 8.5cm

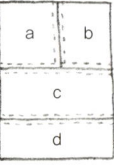

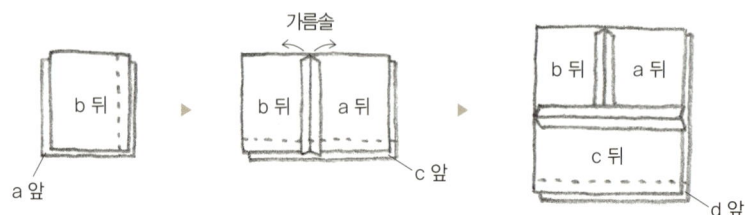

1. 앞면의 리넨 2장을 앞끼리 맞대어 한쪽 선을 박음질합니다.
   연결된 리넨은 다시 펼쳐 시접을 가름솔로 정리하고 또 다른 리넨과 연결해나갑니다.

2. 모든 연결이 끝나면, 연결선을 따라 좌우 2mm선을 홈질로 상침합니다. 이때, 뒤에 시접도 고정될 수 있도록 함께 꿰매 어주세요.

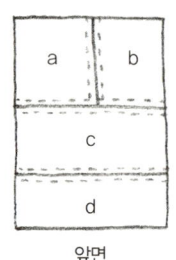

앞면

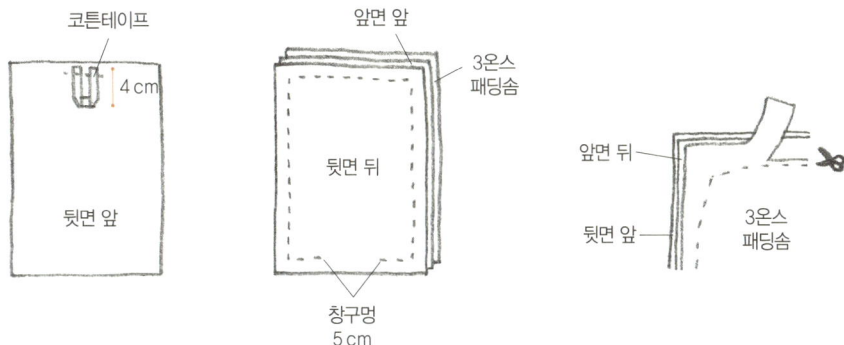

3 뒷면의 앞쪽 정해진 위치에 코튼테이프를 접어 임시고정하고 뒷면과 앞면을 앞끼리 맞대고, 앞면의 뒤에 패딩솜을 대어 완성선을 따라 박음질합니다. 박음질이 끝나면 시접의 패딩솜을 잘라내주세요. 모서리가 두껍고 둔해지는 것을 방지합니다.

4 창구멍을 통해 뒤집고 공그르기로 마무리합니다. 뒤집었을 때, 두께로 인해 모서리만 뾰족해질 수 있기 때문에 반듯한 네모 모양이 나올 수 있도록 완성선은 사각형이 아닌 약간 볼록한 모양입니다.

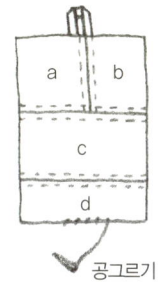

Hand Towel
핸드타월

수분을 잘 흡수하고 금세 마르는 리넨은 핸드타월로 쓰기에 제격입니다.
손을 타면서 자연스러운 구김을 갖게 되는 리넨의 매력도 느낄 수 있어요.
싱크대 옆 행거에 걸어두거나, 혹은 손을 닦는 용도가 아닌
먼지가 쌓이지 않도록 그릇들을 덮어둔다면 포근한 주방 풍경이 됩니다.

How to make 핸드타월

완성품 사이즈 27×38cm

Material

몸판 ·················· 31×42cm
고리 ·················· 2.5×13cm
25mm 코튼테이프 ··· 5cm

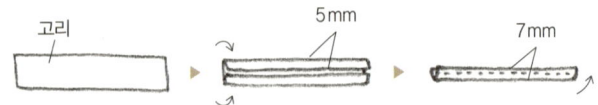

1 그림과 같은 순서로 접은 후, 홈질로 고정하여 고리를 먼저 완성합니다.

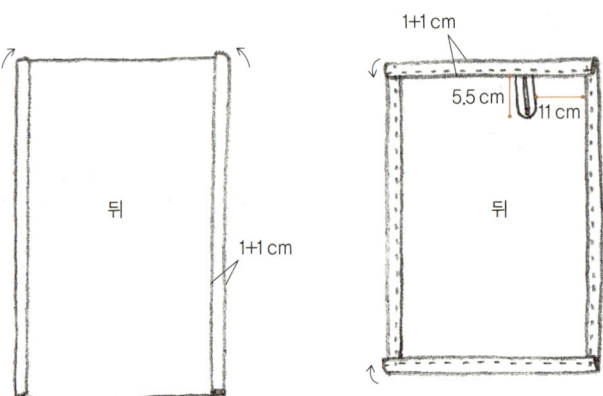

2 몸판의 세로 길이를 먼저 뒷쪽으로 1cm씩 두 번 접고, 그다음 가로 길이도 1cm씩 두 번 접어주세요.
가로 길이 부분의 정해진 위치에 고리를 반으로 접어 끼운 다음, 테두리 전체를 홈질합니다.

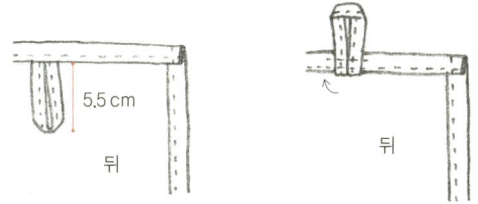

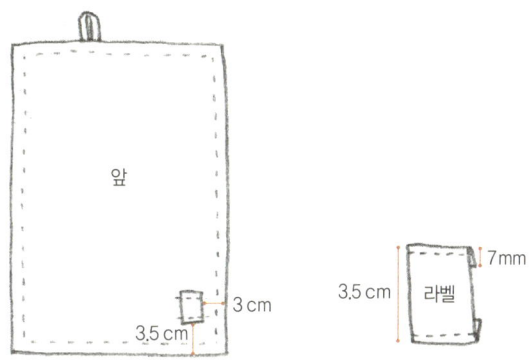

3 홈질로 한 번 고정된 고리는 위로 올려서 겹홈질로 한 번 더 고정합니다.

4 몸판 앞에 라벨을 위 아래 홈질하여 붙여주세요.

Table Mat
테이블 매트

테이블 매트가 있는 식사시간은 안심이 됩니다.
혼자서 갖는 단출한 식사도 편안한 기분으로 즐길 수 있고 정리도 간편합니다.
다른 색깔의 천으로 그릇의 자리를 표시해둔 테이블 매트라면 재미있는 시간이 될 수도 있지요.
접어서 간단한 받침으로 사용해도 좋습니다.

How to make 테이블 매트

완성품 사이즈 42×31cm

Material

몸판 ············ 46×35cm
네모 ············ 10×13cm
동그라미 ········ 지름 20cm

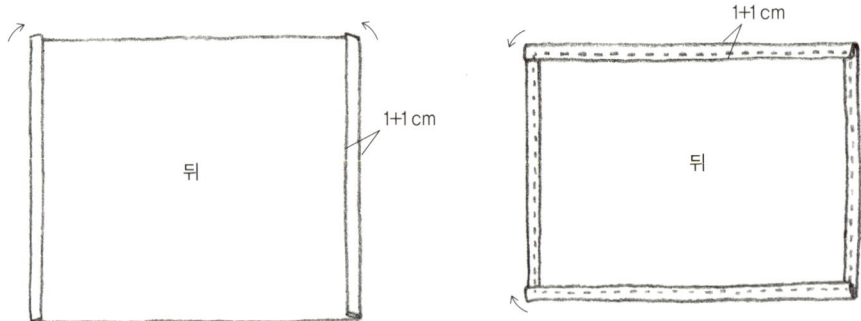

1. 몸판의 세로 길이를 먼저 뒷쪽으로 1cm씩 두 번 접고, 가로 길이도 똑같이 1cm씩 두 번 접어 테두리 전체를 홈질합니다.

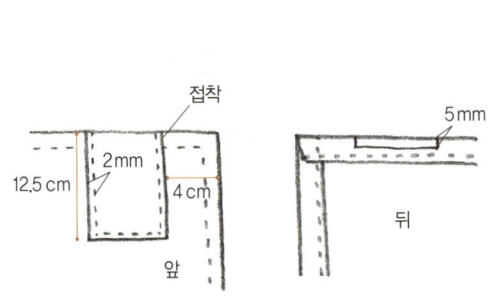

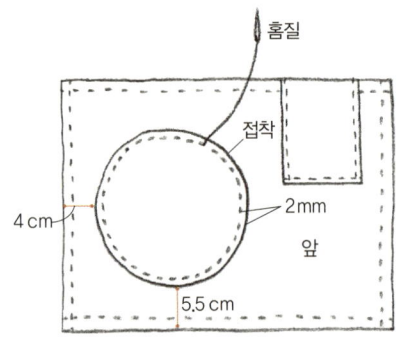

2. 몸판 앞의 정해진 위치에 먼저 네모의 천을 붙여주세요. 네모의 뒷면 테두리에 5mm 폭으로 양면접착시트를 붙여 몸판에 부착합니다. 윗부분의 남은 길이는 뒤로 넘겨 붙이고, 테두리를 홈질하여 한 번 더 고정합니다.

3. 동그라미의 천도 동일한 방식으로 부착 후, 홈질합니다.

Tray
트레이

책상 위에 굴러다니는 물건들을 가지런히 담아줄, 반듯한 모양의 리넨 트레이.
길 잃은 펜과 클립, 메모지 등을 놓아두면 물건들의 자리가 정해집니다.

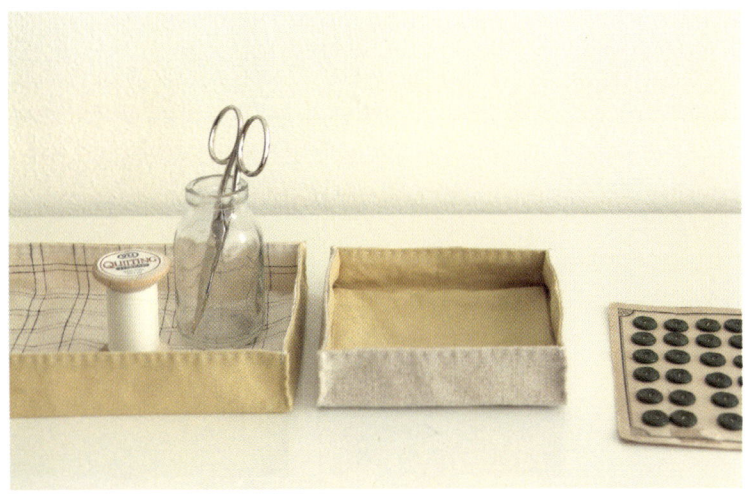

How to make 트레이

완성품 사이즈 직사각형 | 19×12×높이 2.5cm 정사각형 | 12×12×높이 2.5cm

Material

직사각형 | 겉, 안감 … 33×19cm
정사각형 | 겉, 안감 … 26×19cm
자수실

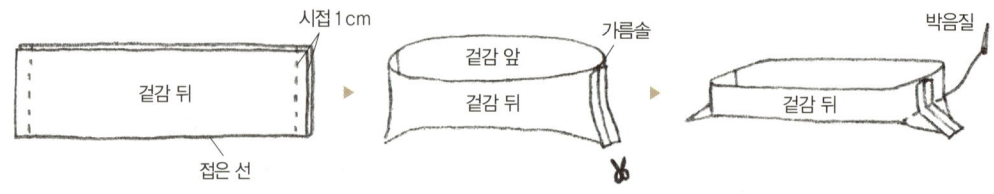

1. 뒤가 보이도록 겉감 세로 길이를 반으로 접은 후 양 옆선을 박음질하고 펼칩니다.
   그리고 바닥폭을 잡아 박음질해주세요.

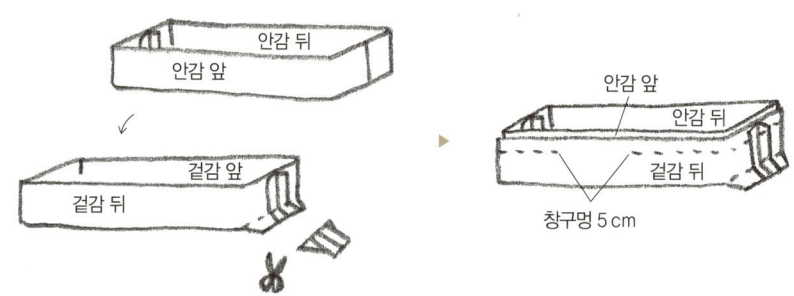

2. 바닥폭의 시접 외 여유분은 잘라내고, 안감도 동일한 과정으로 모양을 완성합니다.
   겉감과 안감의 앞끼리 마주보도록 겹쳐 끼운 뒤, 입구부 테두리를 따라 박음질합니다.

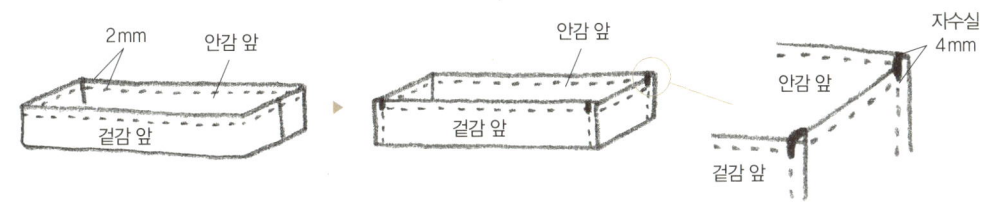

3 창구멍을 통해 뒤집고 모양이 나오도록 겉감과 안감의 위치를 정리하고
   테두리를 한 바퀴 홈질하여 창구멍도 막아주세요.
   4개의 모서리도 홈질하여 각을 만들고, 위쪽에 자수실 2겹으로 3번 감아 마무리합니다.

Hanging Basket
행잉 바스켓

작은 화초를 담아 창가나 선반에 걸어둘 수 있도록
긴 끈이 달린 행잉 바스켓입니다.
작고 귀여운 식물을 빈 캔에 옮겨 심은 뒤 바스켓에 담아주세요.
싱그러운 기분을 전하는 멋진 오브제가 됩니다.

How to make 행잉 바스켓

완성품 사이즈 8.5×8.5×높이 8.5cm (끈 제외)

Material

겉, 안감 몸판 ········ 28.5×10.5cm
바닥 ········ 지름 10.5cm
끈 ···················· 3×90cm

• 사용하는 캔의 지름과 높이보다 5mm 정도 여유를 주고 사이즈를 정합니다.

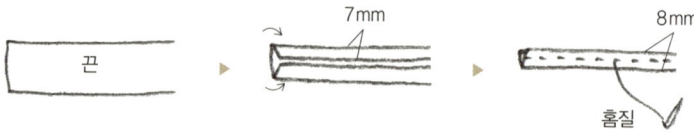

1 먼저 끈을 그림과 같은 순서로 접은 후 홈질하여 완성합니다.

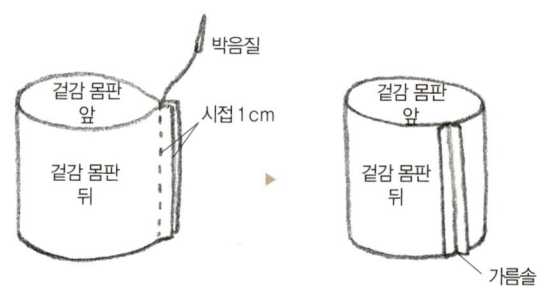

2 겉감 몸판의 뒤가 보이도록 세로 길이를 맞대어 박음질하고 시접은 가름솔로 정리합니다.

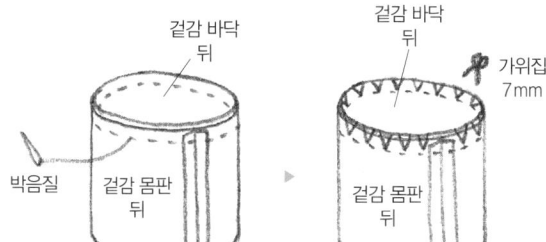

3 몸판에 바닥 부분을 맞춰 끼우고 원을 따라 박음질합니다. 그리고 동그란 모양이 잘 나오도록 가위집을 넣어주세요.

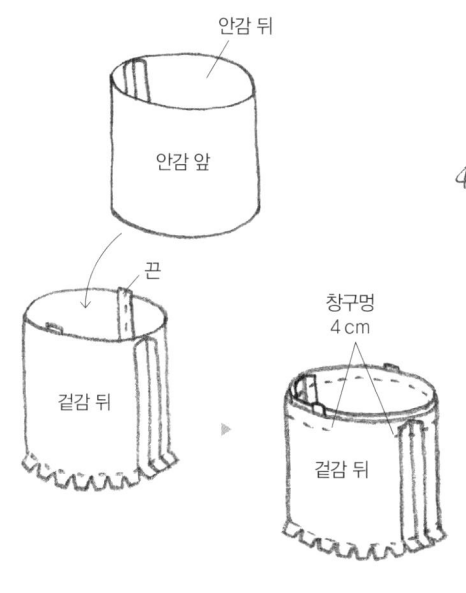

4 안감도 동일한 과정으로 모양을 완성합니다. 겉감 몸판 앞쪽의 서로 마주보는 위치에 끈을 고정하고, 겉감과 안감의 앞끼리 마주보도록 겹쳐 끼워 주세요. 그리고 입구부는 창구멍을 남기고 박음질합니다.

5 창구멍을 통해 뒤집고 모양을 정리한 다음, 입구부 테두리를 홈질하여 창구멍을 막아주세요. 끈이 끼워진 부분은 다시 한 번 겹홈질하여 단단히 고정합니다.

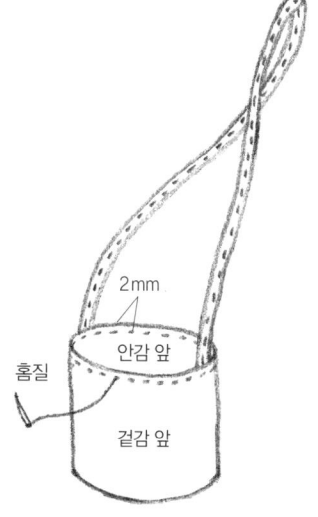

Pincushion
핀쿠션

꼭지가 달린 미니사과 모양의 핀쿠션.
바느질을 위한 테이블에서 꼭 필요한 친구입니다.
원 패브릭 포인트의 디자인으로 선반에 올려놓는 귀여운 소품으로도 좋습니다.
하나씩 만들어 차곡차곡 쌓다 보면 어느새 사과가 한 바구니.
간단한 바느질로 사과를 수확하는 즐거움을 느껴보세요.

How to make 핀쿠션

완성품 사이즈 5×5×높이 5cm

Material

몸판 ········· 12.5×12.5cm
꼭지 ········· 2.5×5cm
방울솜 ······ 10g

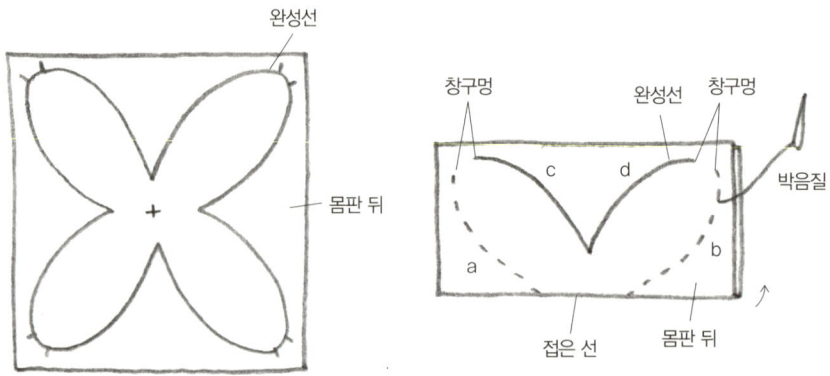

1. 완성선을 그려놓은 몸판의 뒤가 보이도록 반으로 접고 a와 b의 완성선은 접어올린 뒷장과 함께 꿰매어 창구멍 표시점까지 박음질합니다. 그다음, 뒷장과 분리하여 입체적인 구조를 만들고 c와 d를 맞대어 박음질합니다.

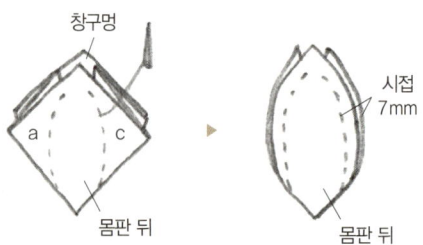

2. 모든 완성선의 박음질 연결이 끝나면 주머니의 형태가 됩니다. 시접 7mm를 남기고 여유분을 잘라내어 정리해주세요.

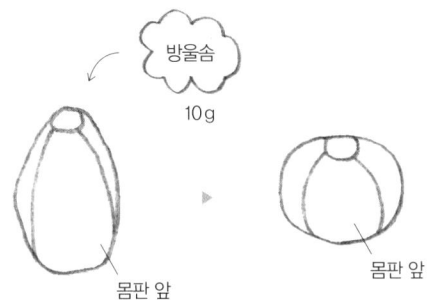

3 창구멍을 통해 뒤집은 후 방울솜 10g을 채웁니다.
　 빵빵한 느낌이 들도록 채워야 완성 후 동그란 모양이 잘 살아납니다.

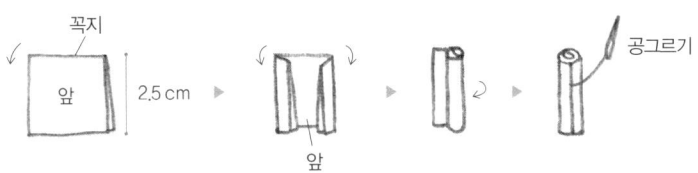

4 꼭지는 앞면이 보이도록 반으로 접은 뒤,
　 그림의 순서대로 만들어 공그르기하여 모양을 고정합니다.

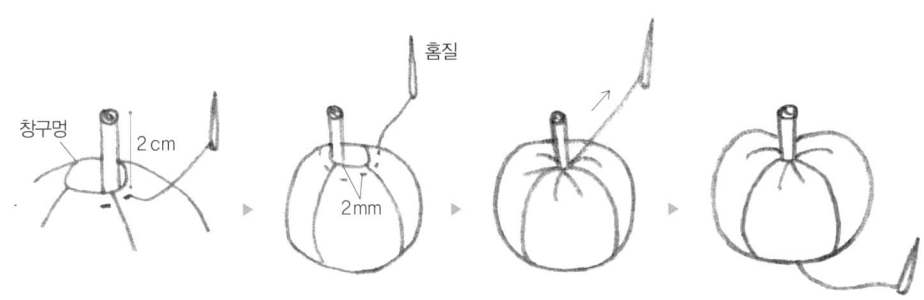

5 창구멍의 한쪽에 사과꼭지를 5mm 깊이로 넣어 2땀을 잡아 고정합니다.
　 그리고 창구멍의 둘레를 따라 홈질하고 실을 바짝 당겨 솜이 나오지 않도록 구멍을 닫아주세요.
　 사과꼭지의 아래쪽을 여러 방향으로 꿰매어 실이 풀리지 않도록 고정하고
　 사과 몸체를 수직으로 통과해 꼭지와 바닥의 중심점을 서로 충분히 당겨주는 과정을 2번 반복한 다음
　 매듭을 짓고 손으로 여러 번 매만져 사과의 모양을 완성합니다.

Roll Case
롤 케이스

펜과 연필, 작은 도구들을 수납할 수 있는 롤 케이스입니다.
구분된 칸에 물건들을 정리해 돌돌 말아 보관해 보세요.
필요한 용도에 맞게 구분선을 넣으면 색연필이나 커트러리의 케이스로도 좋습니다.
코튼테이프의 여밈으로 리본을 묶으면 더 든든한 기분입니다.

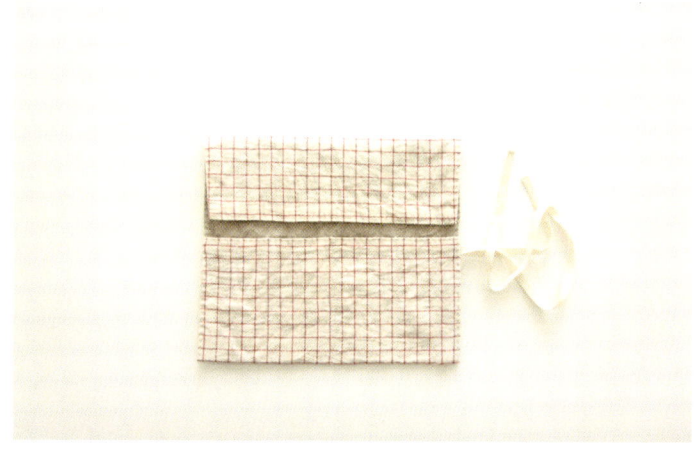

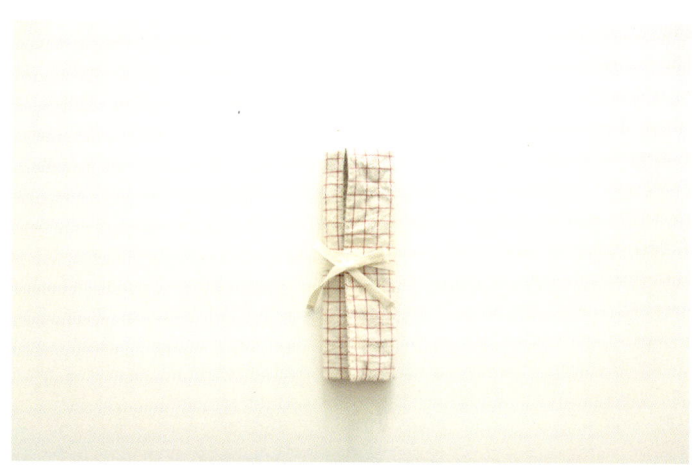

How to make 롤 케이스

완성품 사이즈 닫았을 때 7×20cm 열었을 때 23×20cm

Material

겉감 ················ 25×40.5cm
안감 ················ 25×40.5cm
7mm 코튼테이프 ·· 64cm

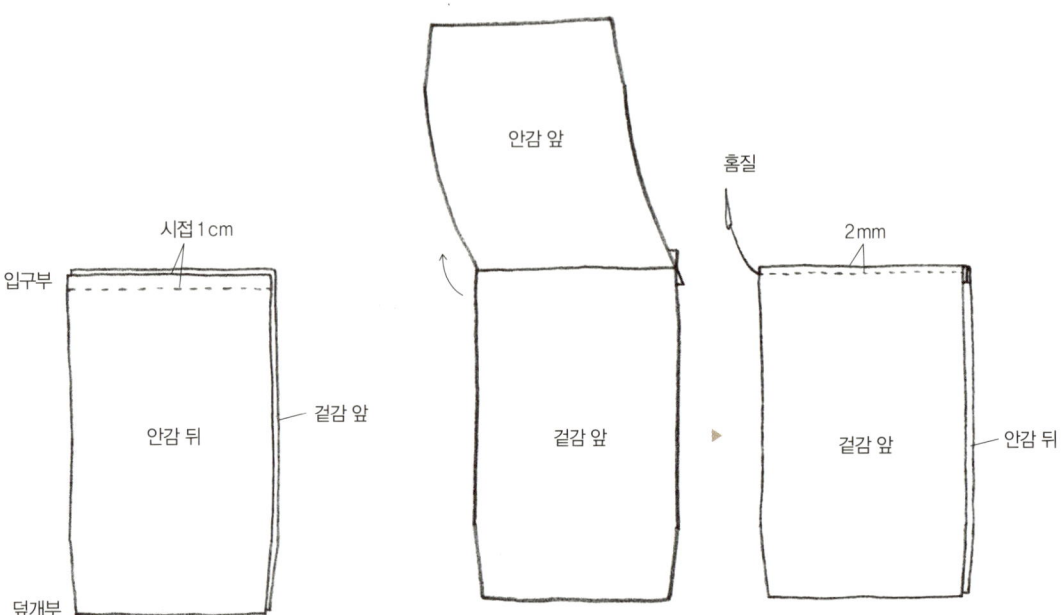

1 겉감과 안감의 앞끼리 맞대고 입구부를 박음질하여 연결합니다.

2 안감을 뒤로 넘겨 겉감과 안감의 앞이 밖으로 나오도록 만듭니다. 연결선의 2mm 아래 홈질로 상침해주세요.

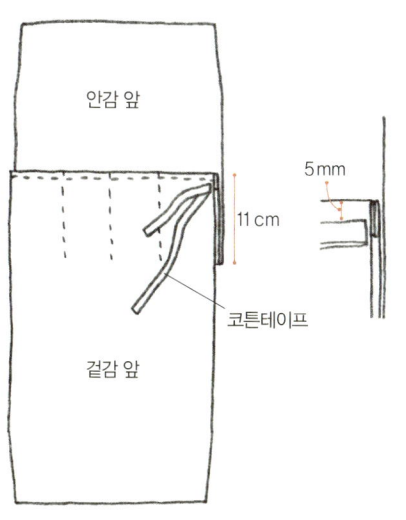
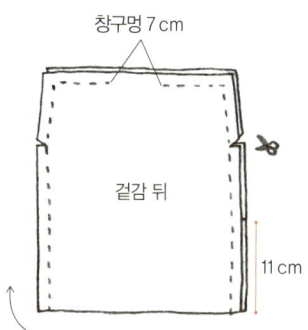

3 그림과 같이 안감을 표시된 길이대로 접어 올리고, 4등분으로 세로선을 박음질해 케이스의 구분선을 만듭니다. 또는 용도에 따라 원하는 만큼 구분선을 넣어주세요. 코튼테이프는 17cm와 47cm 비대칭의 길이로 접어 짧은 길이가 위로 보이도록 정해진 곳에 위치시켜주세요.

4 겉감을 접어 올려서 포갠 다음, 덮개 윗부분에 창구멍 7cm를 남기고 둘레를 따라 박음질합니다. 그리고 덮개 부분이 시작되는 양쪽 세로 길이의 각도가 변하는 곳(덮개 시작점)에 가위집을 넣어주세요.

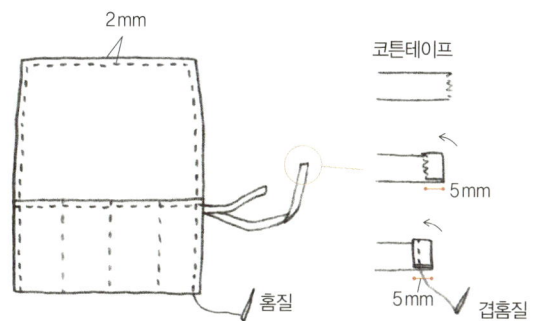

5 창구멍을 통해 뒤집어 모양을 정돈하고 세로 길이와 덮개의 둘레 2mm선을 홈질로 상침합니다. 코튼테이프의 끝부분은 그림과 같이 접어서 겹홈질로 마감해주세요.

Small Storage Bag
스몰 스토리지백

아이들 방의 작은 장난감이나 색칠도구 또는 주방의 플라스틱백과 빨래집게 등
집 안의 소소한 물건들을 정리하는 작고 유용한 주머니입니다.
주로 담는 물건의 이름을 스탬프로 찍어두면 찾기에도 편리합니다.
끈을 묶고 풀 수 있어 아무 곳에나 편하게 걸어두고 사용하세요.

How to make 스몰 스토리지백

완성품 사이즈 20×22.5cm (끈 제외)

Material

겉감 ······ 22×52cm   끈 ······· 4×52cm
안감 ······ 22×41.5cm 와이어 ···· 24cm

• 와이어는 세탁소 옷걸이를 활용했습니다.

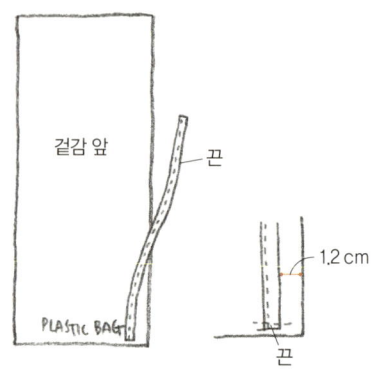

1. 행잉 바스켓 과정 1(62p)과 같이 먼저 끈을 1cm씩 접어 홈질하여 완성합니다.
   그리고 겉감의 앞쪽 정해진 위치에 고정시켜주세요.

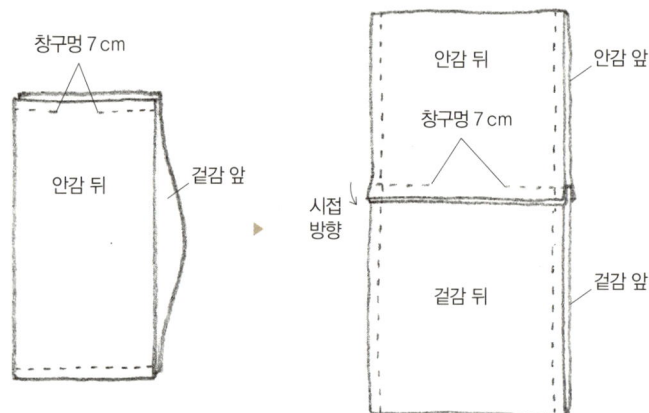

2. 겉감과 안감의 앞끼리 맞대어 가로 길이 부분을 박음질합니다.
   이때 한쪽에는 창구멍을 남겨주세요. 양쪽이 연결된 겉감과 안감을 펼치며 반으로 접어 오른쪽 그림과 같은 모습을 만듭니다.
   시접은 겉감 방향으로 정리합니다.

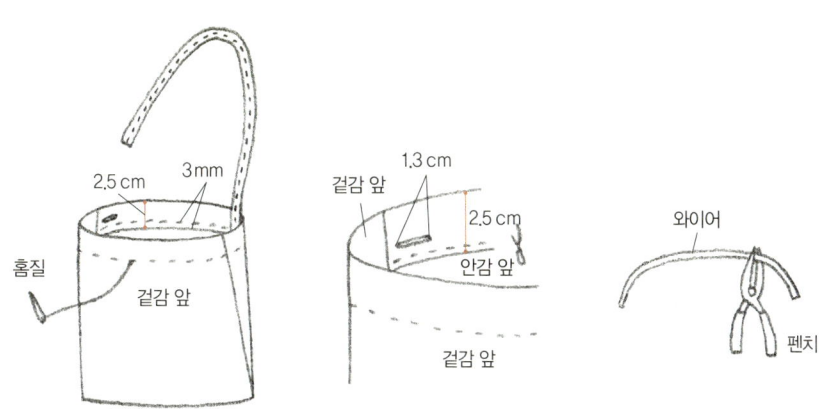

3 　창구멍을 통해 앞이 보이도록 뒤집고, 겉감은 안쪽으로 2.5cm 접어 넣어 겉감과 안감의 주머니 형태를 완성합니다. 그리고 겉·안감의 연결선 위 3mm선을 따라 홈질하고, 끈이 위로 고정될 수 있도록 몸판에 붙여 겹홈질하여 고정합니다.
　　끈을 끼우는 위치에 실뜯개를 사용해 1.3cm 정도 뜯어서 구멍을 내고, 펜치로 모양을 잡은 와이어를 구멍 사이로 넣어 완성합니다.

Handbag
핸드백

꼭 필요한 소지품만 지니는 가벼운 외출에 한 손으로 들고 다니는 작은 가방입니다.
자연스러움이 묻어나는 퓨어 리넨과 가죽끈으로 간단하게 만들 수 있습니다.
기분 좋은 나들이를 머릿속에 그리다보면 금세 완성되어버리는 가방입니다.

How to make 핸드백

완성품 사이즈 24×23×폭 6cm(손잡이 제외)

Material

겉감 ………… 32×54cm
안감 ………… 32×54cm
1cm 가죽끈 …… 28cm 2개

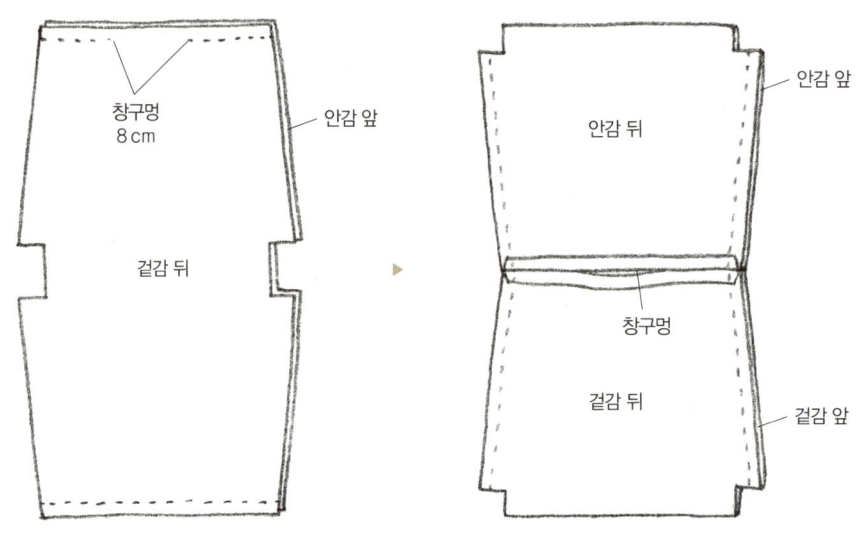

1. 겉감과 안감의 앞끼리 맞댄 후, 가로 길이를 박음질합니다. 한쪽에는 창구멍을 남겨주세요. 양쪽이 연결된 겉감과 안감을 펼치며 반으로 접어 오른쪽 그림과 같이 모양을 만들고 시접은 가름솔로 정리해주세요. 그리고 옆선을 따라 박음질합니다.

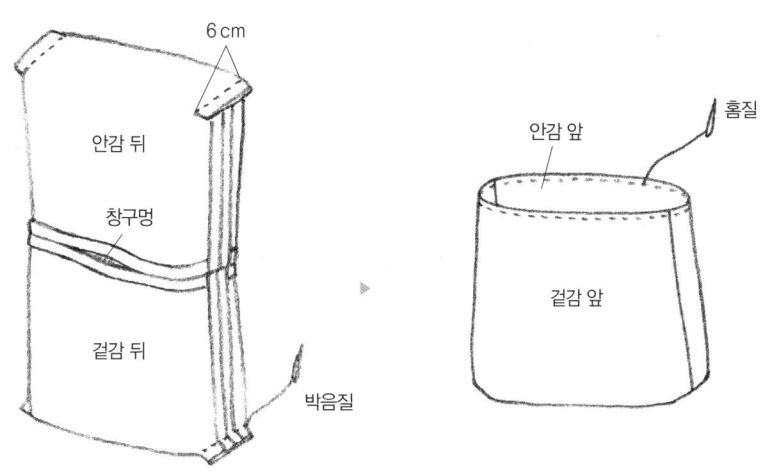

2   겉감과 안감의 바닥폭을 잡고 창구멍을 통해 뒤집습니다.
    겉감안에 안감을 넣은 주머니 형태로 모양을 정리하고 입구부 테두리는 홈질하여 창구멍을 막아주세요.

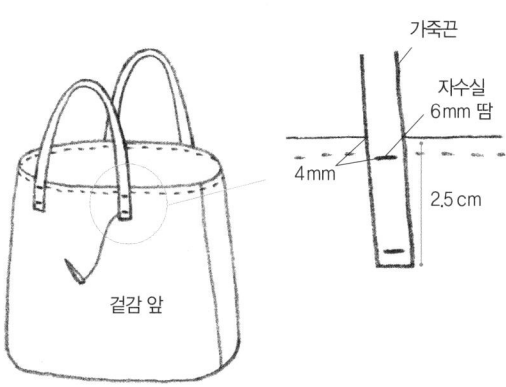

3   정해진 위치에 가죽끈을 자수실 3가닥으로 2번 감아 한 땀씩 잡으며 고정합니다.

Card Pocket
카드포켓

여러 가지의 카드와 명함, 작은 페이퍼들을 수납할 수 있는 카드포켓.
반듯하게 각을 살리고 동그란 라인의 덮개가 있어 단정한 포켓입니다.

How to make 카드포켓

완성품 사이즈 10×6.5×폭 1.5cm

Material

겉감 ············· 13×22cm
안감 ············· 13×22cm
11mm 가시도트··· 1세트

• 모든 시접은 7mm

1. 그림과 같이 겉감을 접어 옆선을 박음질합니다.

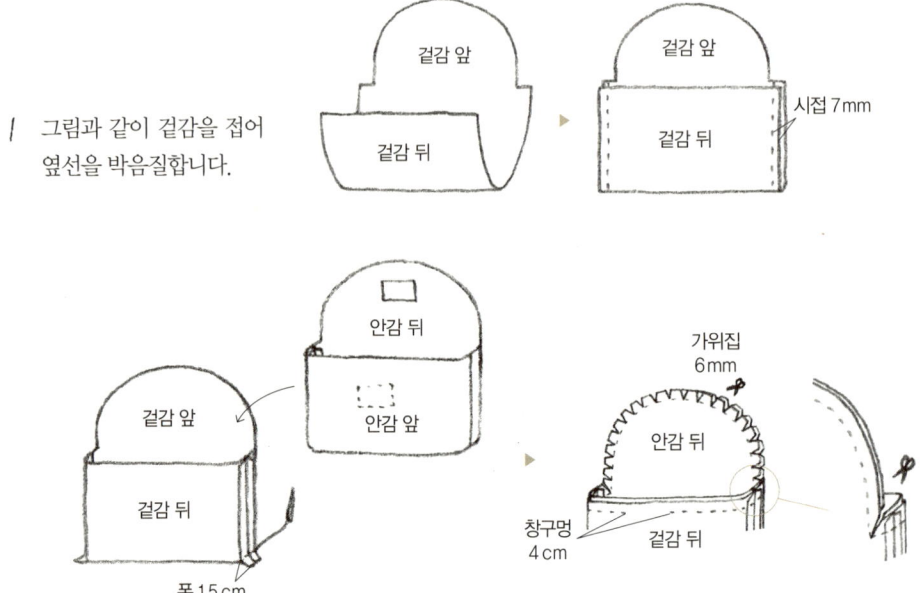

2. 겉감의 바닥폭을 잡고, 안감도 동일한 과정으로 완성합니다.
   안감 뒷면에는 가시도트가 달릴 위치에 1.5×1.5cm 크기의 접착심을 붙여주세요.
   겉감과 안감은 앞끼리 마주보도록 끼워서 포개고, 입구부와 덮개로 이어지는 완성선을 따라 한 바퀴 박음질합니다. 이때 입구부 쪽에 창구멍을 남기고, 오른쪽 그림과 같이 모서리와 덮개의 둥근 라인에 가위집을 넣어주세요.

3. 창구멍을 통해 뒤집은 다음, 입구부를 따라 홈질하여 창구멍을 막아주세요. 그리고 모서리를 홈질하여 반듯한 모양을 만들고, 마지막으로 가시도트를 달아 완성합니다.

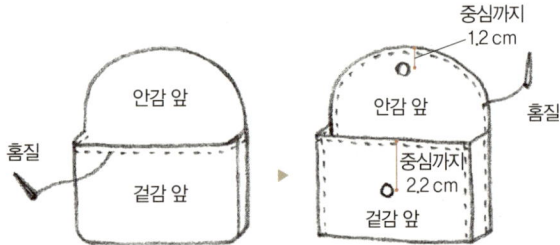

82

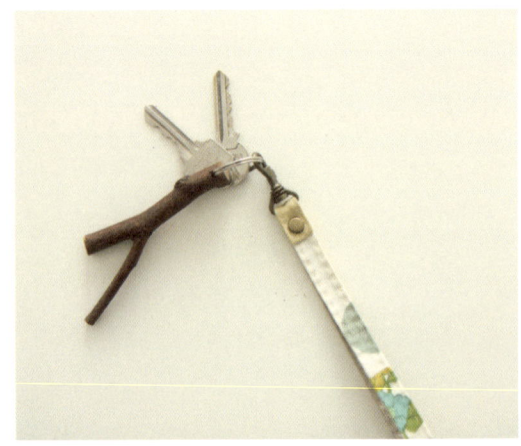

Hand Strap
핸드 스트랩

물건을 놓치거나 잊지 않도록 도와주는 핸드 스트랩입니다.
작은 조각 천들을 이어서 만들다 보면 제법 긴 길이도 지루하지 않습니다.

How to make 핸드 스트랩

완성품 사이즈 17×1.2cm 패치워크 완성 사이즈 37×2.2cm

Material

앞면 a … 10.5×2.2cm
　　 b … 6×2.2cm
　　 c … 13×2.2cm
　　 d … 10.5×2.2cm

뒷면 ……… 35×2.2cm
8mm 리벳 … 1세트
연결고리

• 모든 시접은 5mm

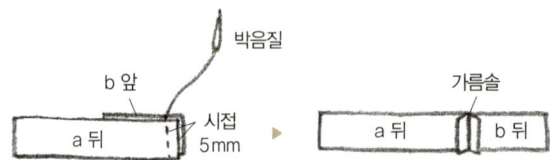

1. 앞면 a와 b의 앞끼리 맞대어 세로선을 박음질로 연결합니다. 그리고 펼친 후 시접은 가름솔로 정리해주세요.

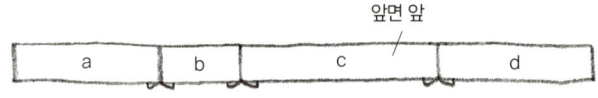

2. 1과 같이 a-b-c-d를 모두 연결합니다.

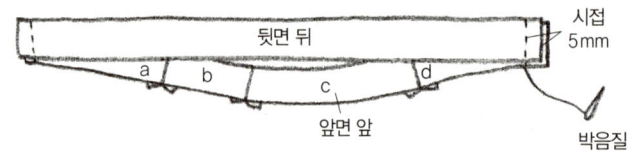

3. 완성된 앞면과 뒷면의 앞끼리 맞대어 양쪽 세로 길이를 박음질합니다.

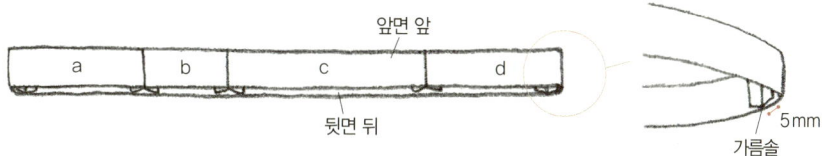

4 앞이 보이도록 뒤집으면서 앞면과 뒷면의 연결된 양끝이 뒷면 쪽으로 가도록 위치를 잡습니다. 연결된 부분이 시접으로 둔해지는 것을 방지하기 위해 겉감은 길게, 안감은 짧게 비대칭의 길이입니다.

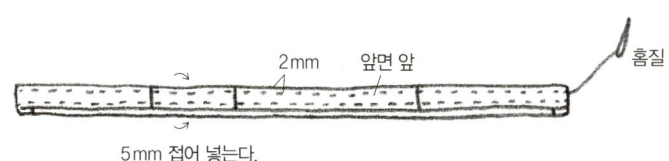

5 겉감과 안감의 가로 길이 시접을 안쪽 방향으로 접어 넣고 홈질하여 모양을 고정합니다.

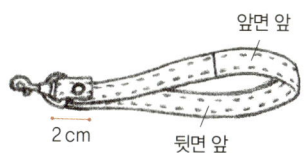

6 5의 스트랩을 그림과 같이 접어 연결고리를 감싸는 모양을 만든 다음, 리벳으로 고정합니다.

Tissues Cover
티슈커버

어느 공간에서나 쉽게 볼 수 있는 티슈이기 때문에 정갈한 커버가 필요합니다.
스트라이프 리넨으로 깔끔하게 완성하는 이 티슈커버는
휴지가 나오는 입구부를 우유팩처럼 접어서 사용할 수 있습니다.
군더더기 없는 모습에 작은 단추는 포인트. 스냅단추로 열고 닫을 수 있습니다.

How to make 티슈커버

완성품 사이즈 24×12×높이 14cm

Material

겉감 ·············· 38×54cm
안감 ·············· 38×54cm
13mm 단추 ········· 2개
8mm 스냅버튼 ······ 4세트

• 사용하는 티슈의 가로·세로 길이보다 7mm 정도 여유를 주고 사이즈를 정합니다.

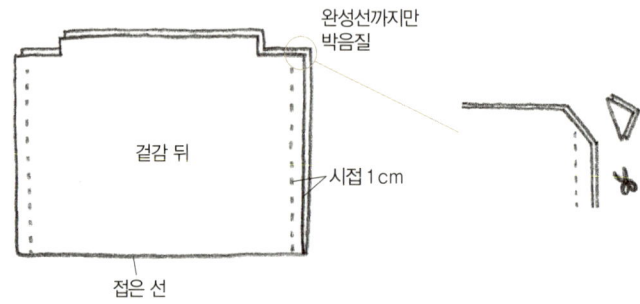

1 겉감의 뒤가 보이도록 반으로 접어 양 옆선을 완성선까지만 박음질합니다.
   그리고 윗부분의 시접은 오른쪽 그림과 같이 잘라내 주세요.

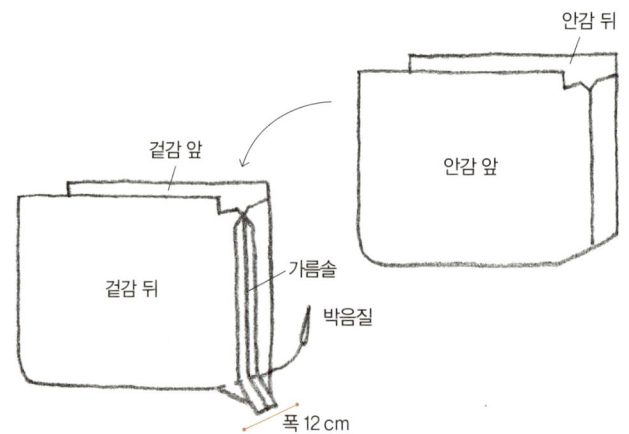

2 겉감의 바닥폭을 만들고, 안감도 동일한 과정으로 완성합니다.
   겉감과 안감은 서로 앞끼리 마주보도록 끼워서 포개어주세요.

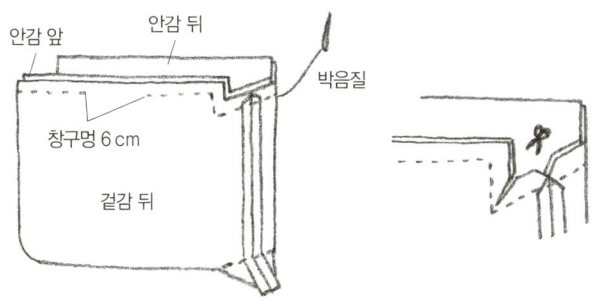

3 입구부의 완성선을 따라 한 바퀴 박음질하고 창구멍을 남겨주세요.
그리고 뒤집기 전, 오른쪽 그림과 같이 4곳의 시접에 가위집을 넣습니다.

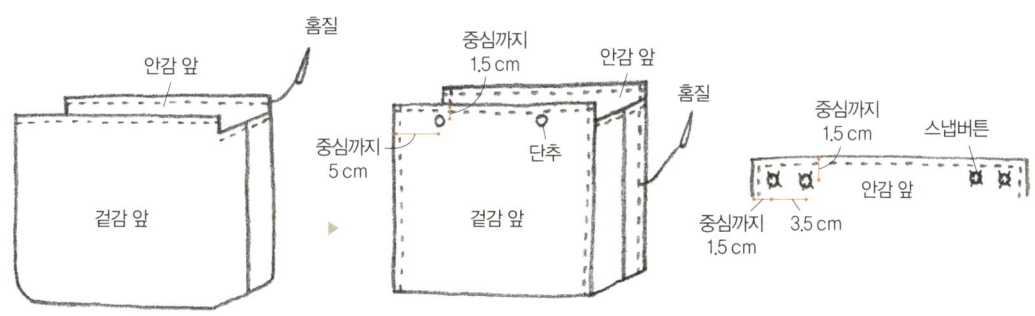

4 창구멍을 통해 뒤집고 가로 길이 부분을 먼저 홈질하여 창구멍을 막습니다.
그리고 세로 길이를 홈질하여 각을 살리고 단추와 스냅버튼을 달아 마무리합니다.

Tissues Cover for Travel
트래블 티슈커버

여행이나 외출을 할 때 휴대하는 티슈의 커버입니다.
단추 사이 입구를 통해 휴지를 뽑아 사용하고,
뒷면에도 포켓이 있어 위생용품을 함께 보관할 수 있습니다.

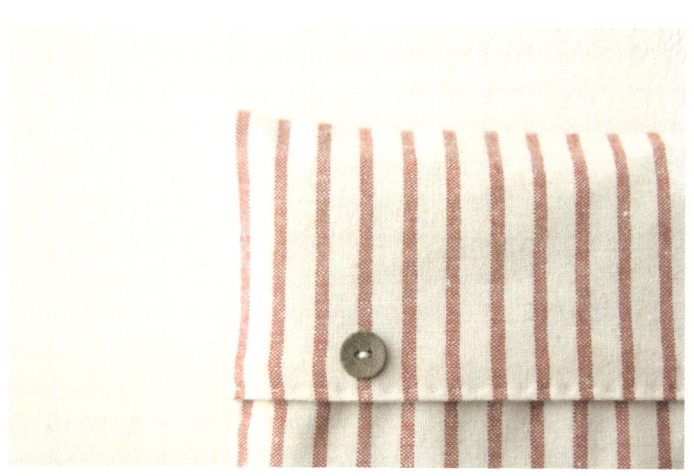

How to make 트래블 티슈커버

완성품 사이즈 14×19cm

Material

겉감 ············ 48.5×21cm   13mm 단추 ······ 2개
안감 ············ 31.5×21cm   8mm 스냅버튼 ··· 2세트
2cm 코튼테이프··· 16cm 2개

• 일반적으로 사용되는 50매 여행용 티슈를 넣을 수 있습니다.

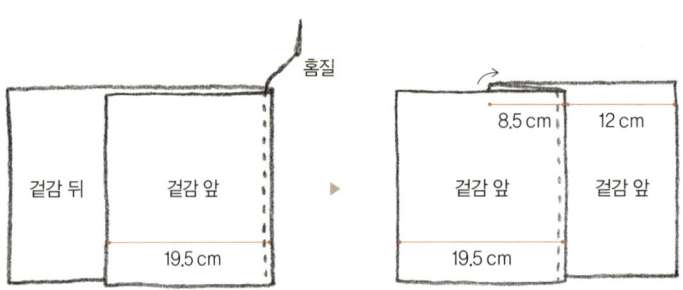

1. 왼쪽 그림과 같이 표시된 길이대로 겉감을 접고, 접은 부분에 홈질선을 넣습니다. 그리고 긴 부분은 다시 접어 올려서 오른쪽 그림과 같은 모양을 만들어주세요.

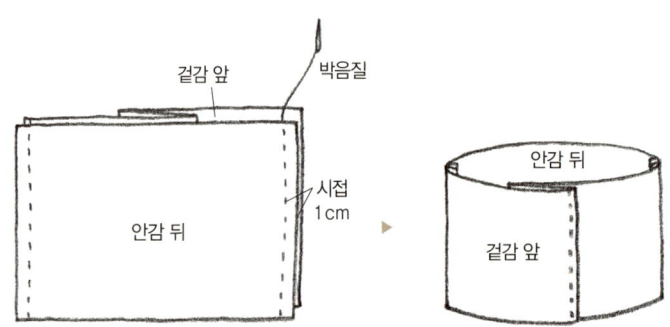

2. 1의 겉감과 안감의 앞끼리 맞대어 놓고 양옆 세로 길이를 박음질합니다. 그리고 앞면이 밖으로 보이도록 뒤집어주세요.

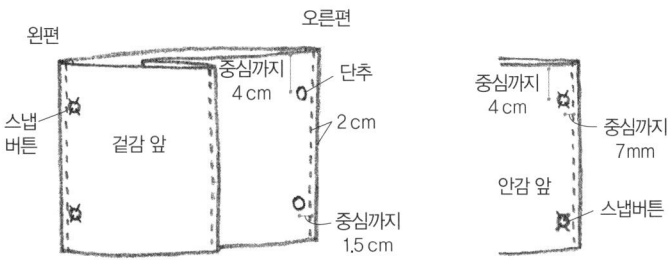

3   겉감과 안감이 연결된 선을 따라 양편에 홈질선을 넣고 단추와 스냅버튼을 달아주세요.
    스냅버튼은 왼편의 겉감 앞, 그리고 오른편의 안감 앞에 연결하여 여밀 수 있도록 만듭니다.

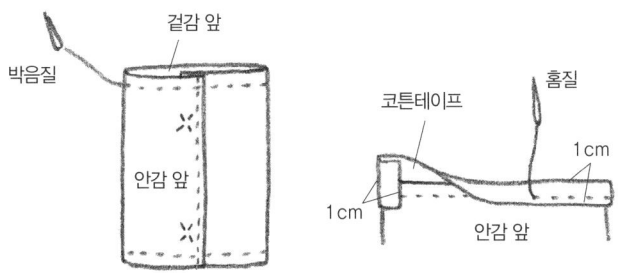

4   3을 그대로 접어서 1.5cm 겹치는 부분이 있도록 포개고 위아래, 가로 길이를 박음질합니다.
    시접 부분은 폭 2cm의 코튼테이프로 감싸 홈질하여 마감합니다.

String Pouch for Travel
트래블 스트링파우치

여행을 준비하면서 짐을 챙길 때, 주머니에 담아 차곡차곡 정리해보세요.
속옷과 세면도구, 화장품 등을 숫자로 표시해 구분할 수 있습니다.
여분의 주머니를 가져가면 돌아올 때 늘어난 짐도 정리할 수 있어요.
물론 평소의 수납에서 활용해도 좋습니다.

How to make 트래블 스트링파우치

완성품 사이즈 숫자 1 | 20×25×폭 3cm   숫자 2·3 | 16×20×폭 3cm

Material

숫자 1 | 겉감 ·············· 25×60cm
　　　　안감 ·············· 25×50cm
　　　　숫자 ·············· 4×6cm
　　　　7mm 코튼테이프 ··· 56cm 2개

숫자 2,3 | 겉감 ·············· 21×50cm
　　　　　안감 ·············· 21×40cm
　　　　　숫자 ·············· 4×6cm
　　　　　7mm 코튼테이프 ··· 50cm 2개

1　모양을 따라 잘라낸 숫자를 겉감의 앞 정해진 곳에 양면접착시트를 사용해 부착합니다.
　그리고 전체 테두리를 한 바퀴 홈질합니다.

15cm
(숫자 1은 20cm)

6cm

겉감 앞

접착　홈질

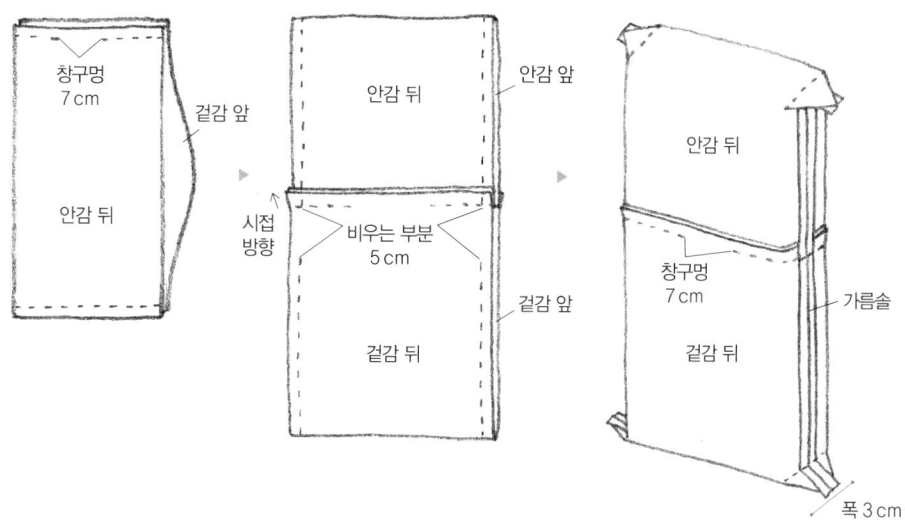

2   겉감과 안감의 앞끼리 맞대어 위아래 가로 길이를 박음질하고 펼쳐서 반으로 접은 모양을 만든 다음, 양옆 세로 길이를 박음질합니다. 이때 겉안감의 연결선 아래, 겉감의 윗부분 5cm는 끈이 지나가는 길을 위해 비워둡니다. 그리고 바닥폭을 만들어주세요.

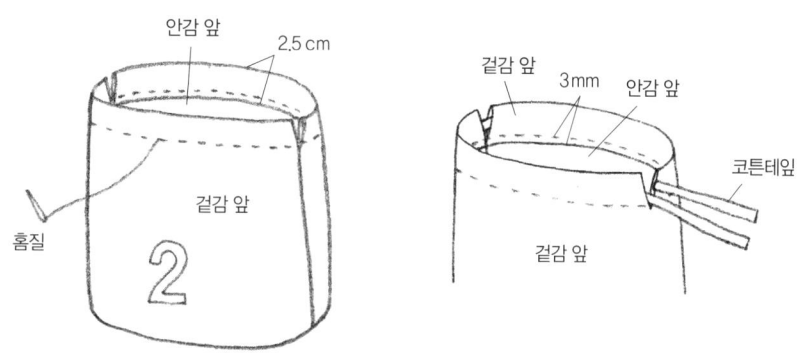

3   창구멍을 통해 뒤집은 다음, 겉감을 안쪽으로 2.5cm 접어 넣어 주머니 형태를 만들고 겉안감의 연결선 위 3mm선을 따라 홈질합니다.
오른쪽 그림과 같이 테이프를 통과시키고 끝부분은 하나로 매듭을 묶어주세요.
반대편도 동일하게 해서 끈으로 조일 수 있는 파우치를 완성합니다.

2

조금 진지하게

Two way pocket
투웨이 포켓

단추 여밈의 덮개가 있는 심플한 포켓입니다.
단순한 바느질이지만 세 가지 리넨을 패치워크하고 라벨을 붙여 심심하지 하지 않은 모습.
평소 휴대하고 다니는 포켓으로 사용하다가 클립으로 벽에 걸어주면
영수증이나 우편물을 꽂을 수 있는 월 포켓이 되기도 합니다.
두 가지 방법으로 사용해보세요.

How to make 투웨이 포켓

완성품 사이즈 16×10.5cm 패치워크 완성 사이즈 18×31cm

Material

겉감 a ···· 13.5×13cm   25mm 코튼테이프 ···· 5.5cm
     b ···· 6.5×13cm   18mm 단추 ············ 1개
     c ···· 18×20cm
안감 ······ 18×31cm

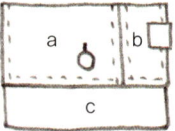

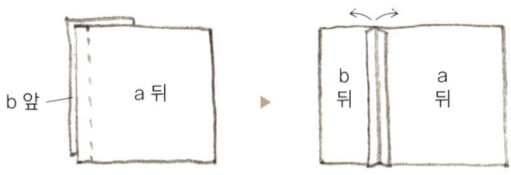

1. 겉감 a와 b의 앞끼리 맞대어 세로선을 박음질로 연결합니다.
   그리고 펼친 후 시접은 가름솔로 정리해주세요.

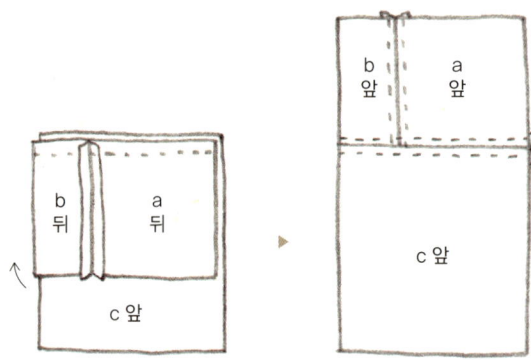

2. 1과 겉감 c의 앞끼리 맞대어 박음질로 연결한 다음, 펼쳐서 시접을 가름솔로 정리합니다.
   각 리넨이 연결된 선의 양쪽 2mm선을 홈질로 상침하여 겉감을 완성합니다.

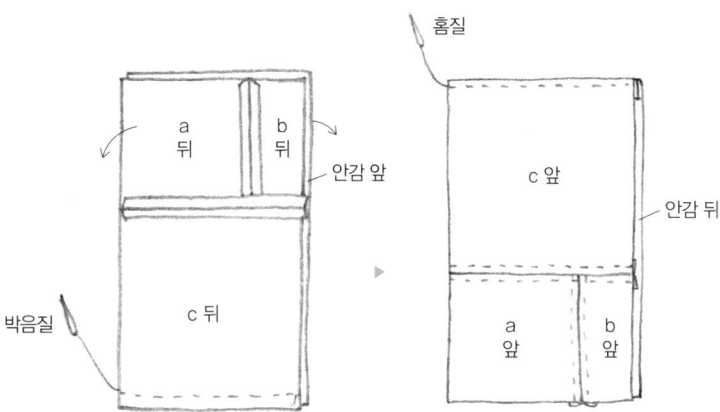

3　겉감과 안감의 앞끼리 맞대어 c와 안감이 만나는 부분을 박음질로 연결해주세요.
　　그리고 겉·안감의 앞이 밖으로 나오도록 뒤집은 후 연결선 아래 2mm 선을 홈질로 상침합니다.

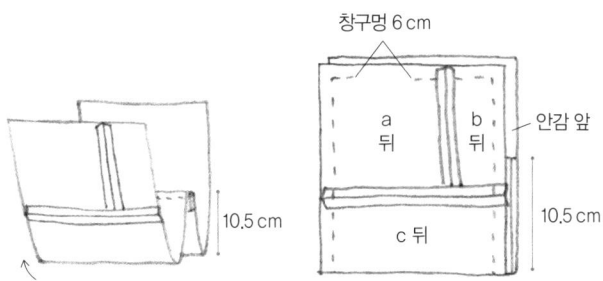

4　그림과 같이 겉·안감을 접어 올려 둘레를 따라 박음질하고 창구멍을 남깁니다.

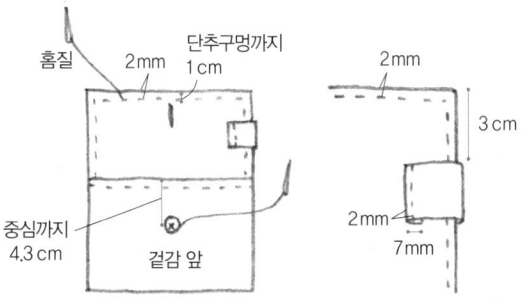

5　창구멍을 통해 앞이 나오도록 뒤집고 덮개의 둘레를 홈질하여 창구멍을 막아주세요.
　　그리고 정해진 곳에 단추를 연결하고 단추구멍을 만든 뒤,
　　마지막으로 라벨을 반으로 접어 덮개에 끼우고, 겹홈질로 동시에 꿰어 연결합니다.

Coin Purse
코인퍼스

지퍼로 열고 닫는 작은 동전지갑입니다.
빨간색의 리넨을 오려서 다시 이어붙이고, 그 위에 흰색의 포인트 스티치를 놓은
재미있는 패치워크 작업으로 만듭니다.

How to make 코인퍼스

완성품 사이즈 11×9cm   패치워크 완성 사이즈 13×20cm

Material

겉감 a ····· 7×5cm   f ····· 10×6.5cm
     b ····· 8×5cm   g ····· 5×8cm
     c ····· 6×7cm   h ····· 5.5×7.5cm
     d ····· 7×7cm   I ····· 6.5×7.5cm
     e ····· 4×7cm   j ····· 5×6cm

안감 ······ 12×19.5cm
10cm 지퍼

• 지퍼의 길이는 열고 닫는 구간을 기준으로 표시됩니다.

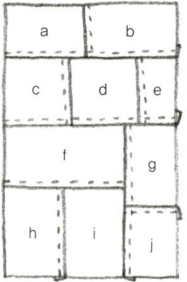

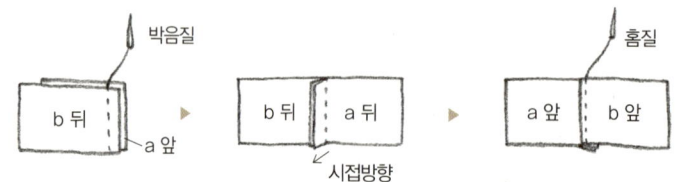

1 겉감 a와 b의 앞끼리 맞대어 세로선을 박음질하고 펼쳐서 시접은 b방향으로 정리해주세요. 그리고 연결선을 따라 b 위에 홈질선을 넣으며 시접까지 함께 꿰어 고정합니다.

2 1과 같은 방법으로 순서대로 패치워크를 완성합니다.

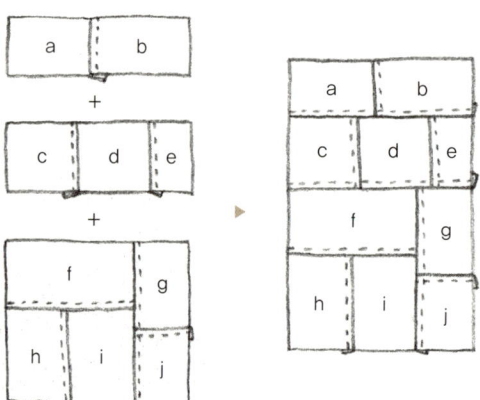

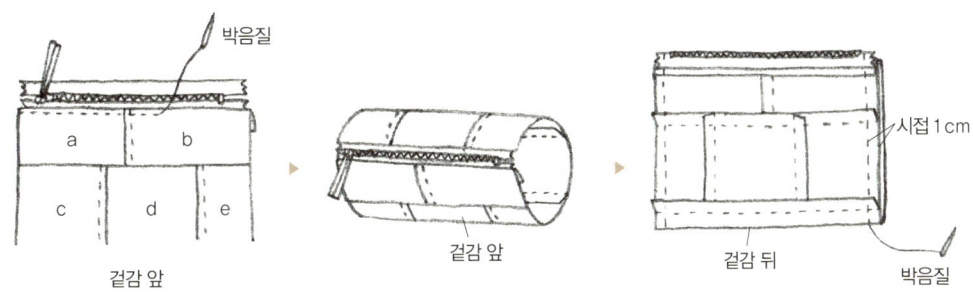

3   패치워크 겉감의 가로 길이 시접 1cm를 안쪽으로 접은 후, 지퍼에 올리고 박음질하여 연결합니다.
    반대쪽도 동일하게 연결해 뒤집은 후 양 옆선을 박음질합니다.

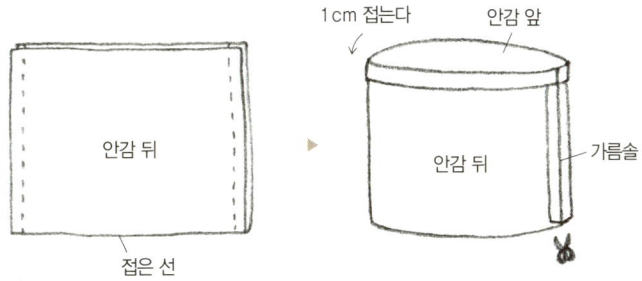

4   안감은 뒤가 보이도록 반접은 후 양 옆선을 박음질하고
    옆선의 시접은 가름솔로 정리하여 윗부분의 시접을 뒤쪽 방향으로 접어서 준비합니다.

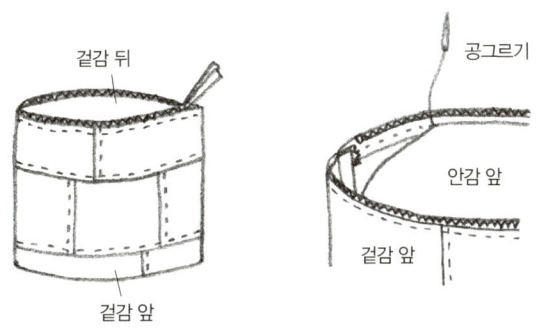

5   완성된 겉감 안에 4의 안감을 집어넣어 공그르기로 연결합니다.

Diary Cover
다이어리 커버

손으로 쓰는 다이어리는 늘 갖고 다니기에 1년을 부탁하는 의미로 커버를 만듭니다.
좋아하는 리넨으로 패치워크하면 더 소중한 느낌입니다.

How to make 다이어리 커버

완성품 사이즈 펼쳤을 때 40×19cm 패치워크 완성 사이즈 42×21cm

Material

겉감 a ············ 13×21cm
     b ············ 17×11cm
     c ············ 16×7.5cm
     d ············ 17×7.5cm
     e ············ 16×11cm
     f ············ 31×6.5cm

안감 ············ 42×21cm
1cm 리넨테이프 ··· 20cm 2개

• 사용하는 다이어리 표지의 가로세로 길이보다 10~15mm 여유를 두고 사이즈를 정합니다.

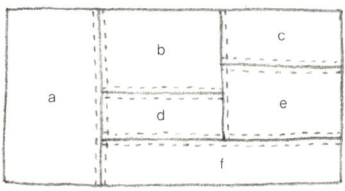

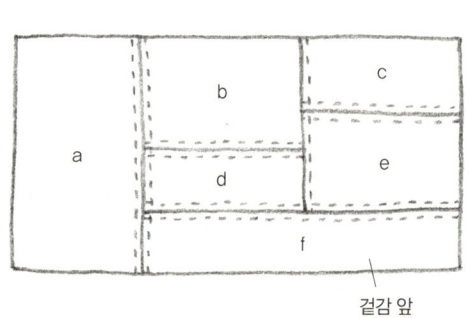

1 투웨이 포켓의 겉감과 같은 방법(104p)으로 패치워크를 완성합니다.

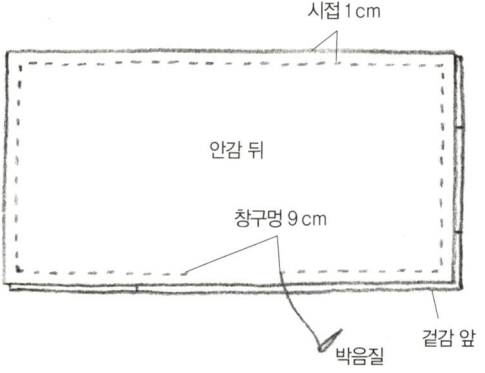

2 겉감과 안감의 앞끼리 맞대어 둘레를 따라 박음질하고 창구멍을 남깁니다.

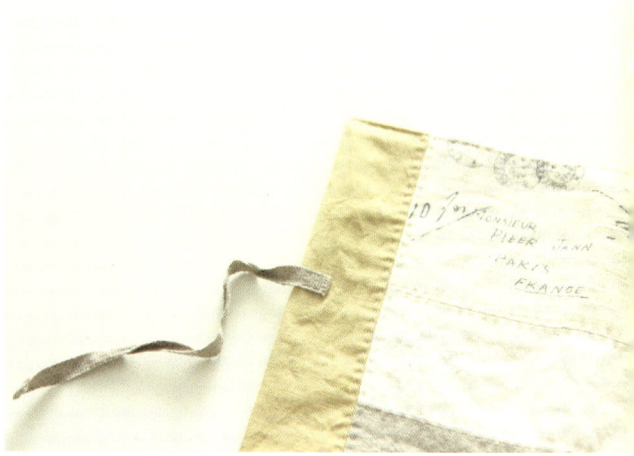

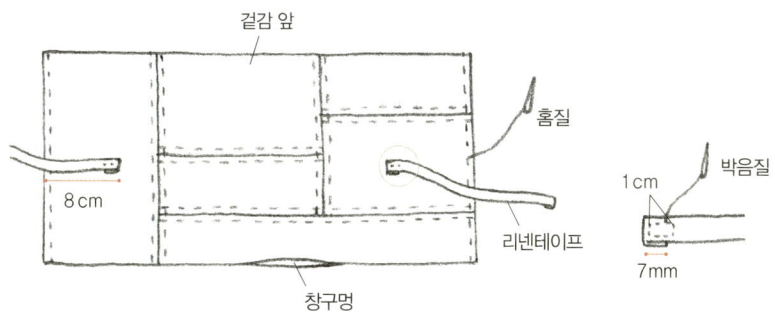

3 창구멍을 통해 뒤집어 모양을 정리해주고 양 옆선에 홈질선을 넣어주세요.
  그리고 테이프를 접어 정해진 곳에 "ㅁ"모양으로 박음질하여 고정합니다.
  테이프 끝의 마감은 롤 케이스의 과정 5(71p)와 동일합니다.

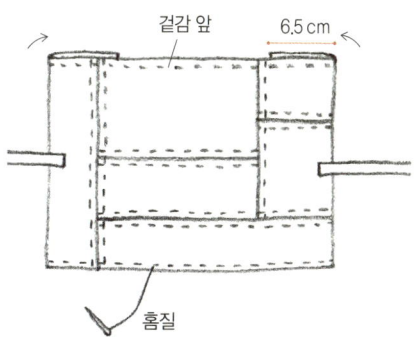

4 다이어리를 끼울 수 있도록 양옆을 안쪽 방향으로
  접은 다음, 위아래 가로 길이를 홈질하여 고정하고
  창구멍도 막아 완성합니다.

Dot Pocket Pouch
도트포켓 파우치

도트스냅으로 열고 닫는 포켓을 더한 파우치입니다.
가방 속 작은 물건들을 담기 좋은 아담한 크기입니다.

How to make 도트포켓 파우치

완성품 사이즈 16×12×폭 2cm

Material

겉감 ·············· 18×46cm
안감 ·············· 17×27.5cm
고리 ·············· 2×4cm
11mm 가시도트 ····· 1세트
15cm 지퍼, 10mm D링

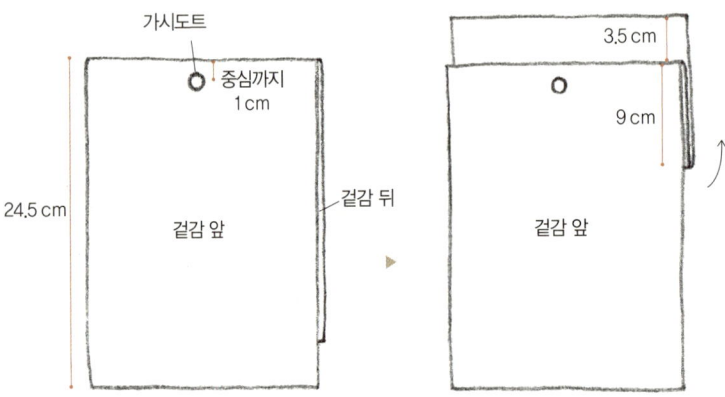

1. 왼쪽 그림과 같이 겉감을 접어 가시도트 한짝을 먼저 연결합니다.
   그리고 뒤편 겉감을 접어 올려 오른쪽 그림과 같이 모양을 만들고, 가시도트의 다른 짝을 연결합니다.

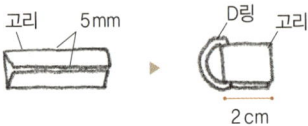

2. 고리는 그림과 같이 안쪽 방향으로 시접을 접고, D링을 끼운 뒤 반으로 접어주세요.

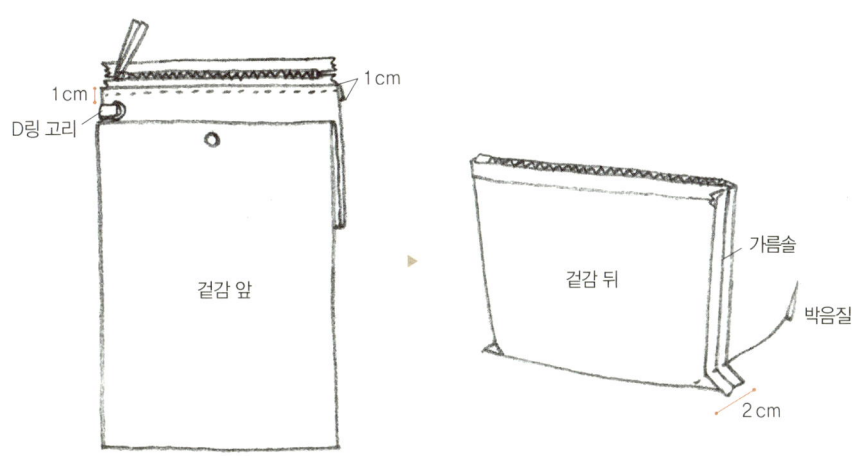

3   1의 겉감 윗부분 시접을 뒤로 접어 지퍼 위에 올린 후, 박음질로 연결하고
2의 D링 고리는 왼쪽 그림과 같이 정해진 위치에 고정합니다.
겉, 안감은 코인퍼스의 과정 3, 4(109p)처럼 모양을 완성한 다음, 바닥폭을 만듭니다.

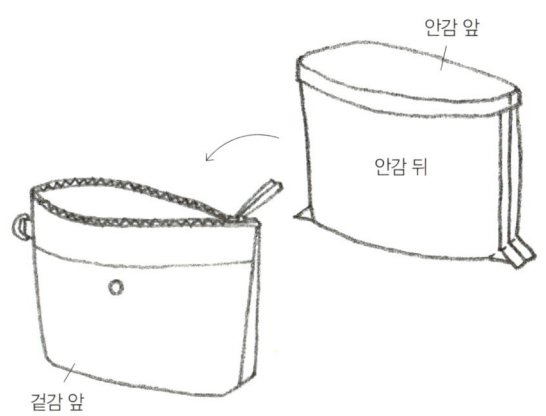

4   완성된 겉감 안에 안감을 집어넣어 위치를 잡고 공그르기로 연결합니다.

Pencil Case
펜슬 케이스

바느질을 시작했던 기억을 떠올리며 만든 펜슬 케이스입니다.
두 가지 리넨을 이어서 네모난 필통을 만들고 마음이 흡족해 보고 또 봤던 기억.
좋아하는 질감의 리넨으로 다시 만들어 더 특별합니다.

How to make 펜슬 케이스

완성품 사이즈 20×4×높이 6cm

Material

겉감 a ···· 28×6.6cm 2장   15mm 리넨테이프 ··· 6cm
　　 b ···· 28×12cm   25cm 지퍼
안감 ······ 28×20.7cm

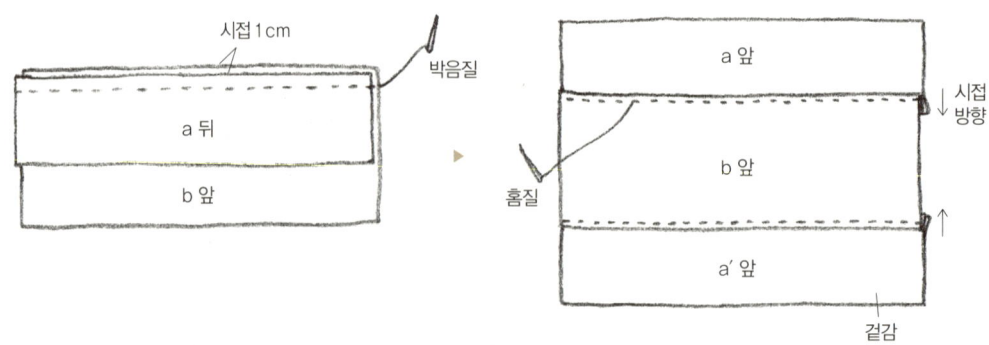

1 겉감 a와 b를 박음질로 연결하고 펼친 뒤, b방향으로 시접을 정리합니다.
　 a'와 b도 동일하게 연결하고, 연결선을 따라 b 위에 홈질로 상침해 시접까지 함께 꿰매어 고정합니다.

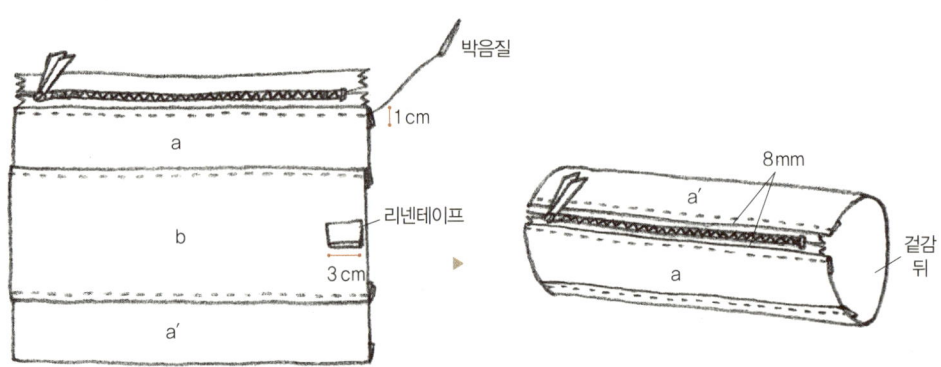

2 겉감의 위아래 가로 길이의 시접을 뒤쪽으로 접은 후 지퍼를 연결합니다.
　 그리고 리넨테이프를 반으로 접어 b의 오른편 끝 가운데 고정해주세요.

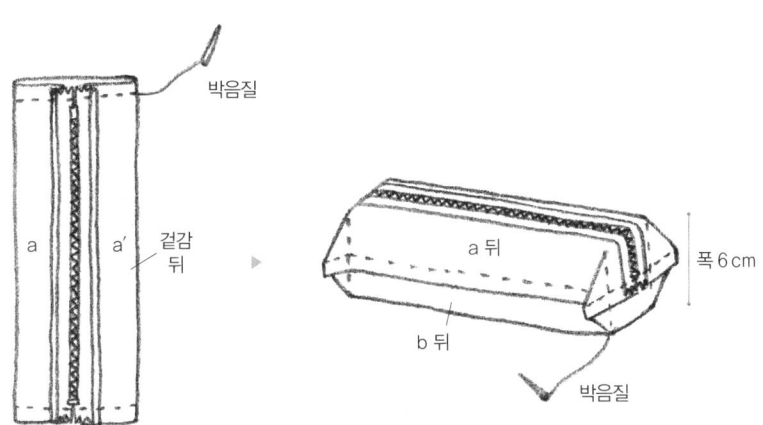

3 겉감은 뒤가 보이게 하여 그림과 같이 지퍼가 가운데 오도록 접어 위아래 선을 박음질합니다.
그리고 폭을 잡아 입체적인 모양을 만들어주세요.

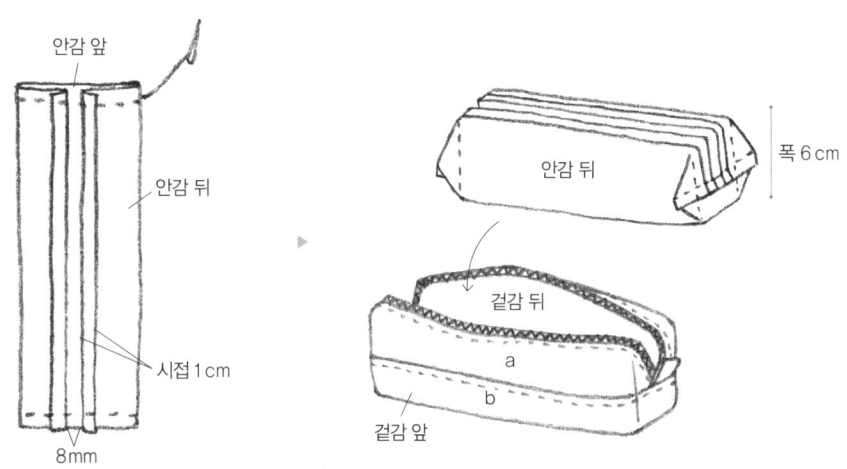

4 안감도 가로 길이의 시접을 뒤쪽으로 접은 뒤, 왼쪽 그림과 같이 접어 위아래 박음질합니다.
겉감과 동일하게 폭을 잡아 입체적인 모양을 만들고, 완성된 겉감 안에 넣어 공그르기로 연결합니다.

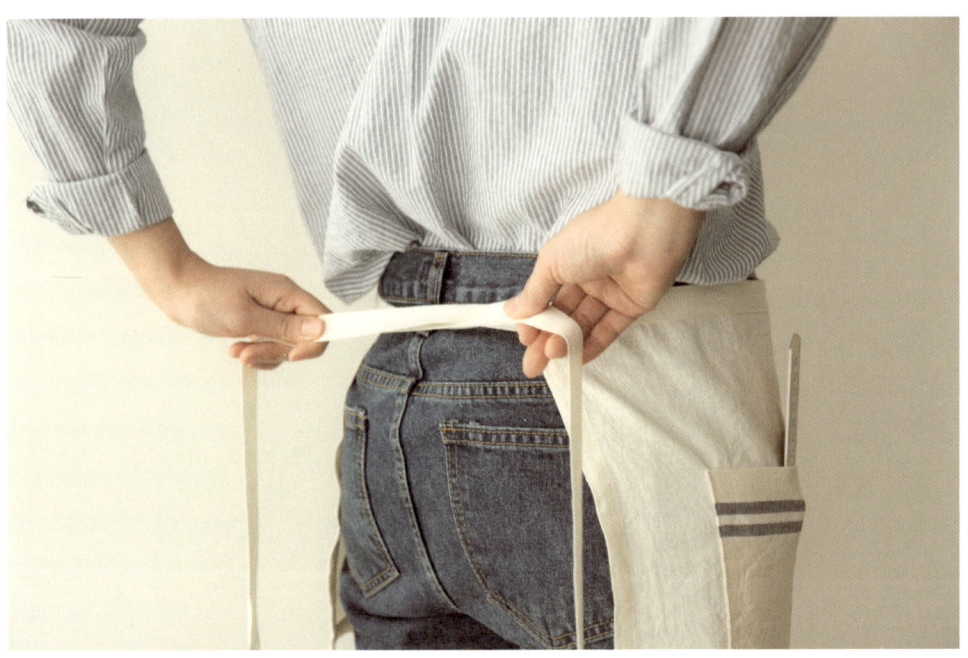

Work Apron
워크 에이프런

일을 시작할 때의 다부진 마음으로
여러 도구들을 넣을 수 있는 포켓과 펜포켓,
활동성을 높이는 짧은 길이,
앞으로 묶기에 충분히 긴 끈으로 이뤄진
작업을 위한 에이프런입니다.

How to make 워크 에이프런

완성품 사이즈 70×28.5cm (끈 제외)

Material

몸판 ······ 75×32cm   2cm 코튼테이프 끈 ········ 285cm
포켓 ······ 57×30cm   펜포켓 ···· 7cm

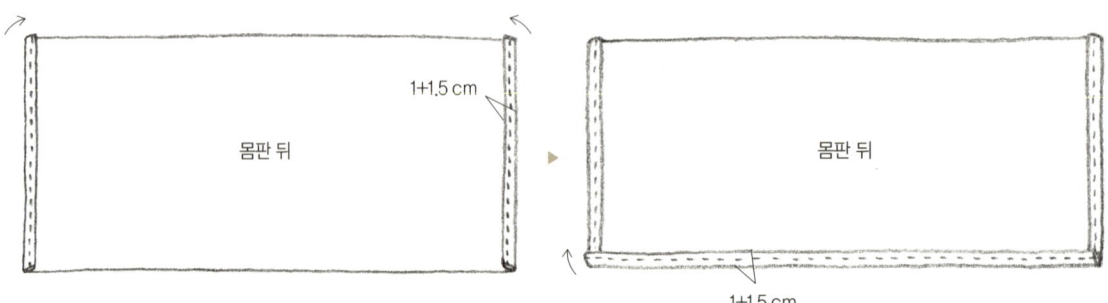

1. 몸판의 뒤로 양쪽 세로 길이를 먼저 1cm로 한 번, 1.5cm로 또 한 번 접어주세요.
   그리고 아래쪽 가로 길이도 같은 간격으로 두 번 접고, 접은 선을 따라 겹홈질을 합니다.

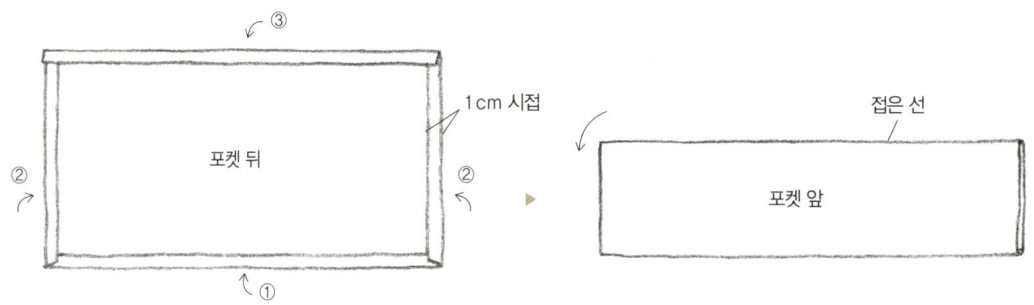

2. 포켓은 ①→②→③의 순서에 따라 시접을 뒤쪽 방향으로 접어주세요.
   그리고 앞이 보이도록 반으로 접고, 모서리의 시접은 서로 포개어 깔끔한 모양을 만듭니다.

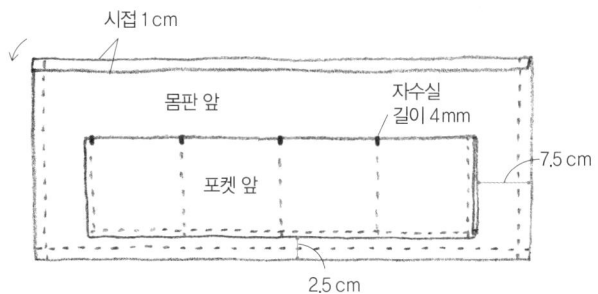

3 1의 몸판 앞 정해진 곳에 2의 포켓을 겹홈질로 연결하고 4등분하는 구분선을 넣습니다.
포켓 입구부는 자수실 3겹으로 2번 꿰어 다시 한 번 고정해주세요.
몸판의 윗부분은 앞쪽으로 시접 1cm를 접어놓습니다.

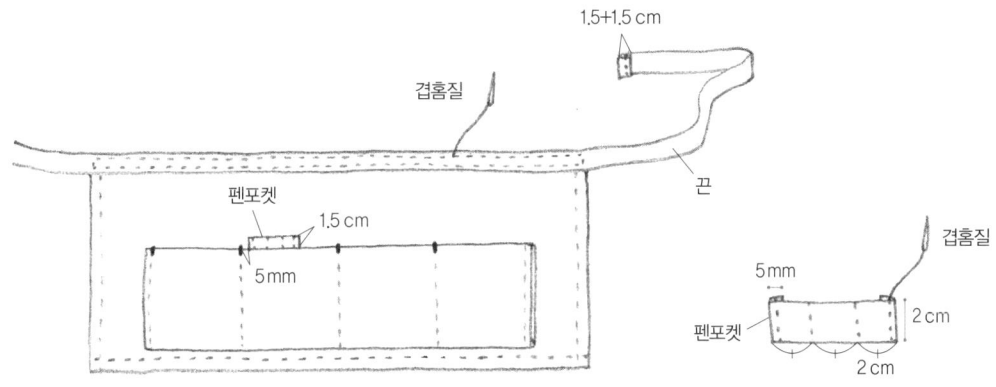

4 3의 몸판 윗부분에 끈의 가운데를 대고 한 바퀴 겹홈질하여 몸판과 고정합니다.
끈의 끝은 1.5cm씩 두 번 접어 겹홈질로 마감해주세요.
그리고 몸판과 포켓 사이의 정해진 곳에 펜포켓을 연결합니다.

Notebook Case
노트북 케이스

도톰한 솜을 넣고 톡톡한 리넨으로 만든 노트북 케이스입니다.
덮개에 단추를 달고 여밈을 반대로 만들어
열었을 때 케이스 위에 노트북을 올려두고 사용할 수 있습니다.

How to make 노트북 케이스

완성품 사이즈 33×21cm

Material

겉감 ············ 35×59.5cm
안감 ············ 35×59.5cm
3온스 퀼팅솜 ···· 35×59.5cm
여밈 ············ 6×9cm 4장
20mm 단추 ······ 2개

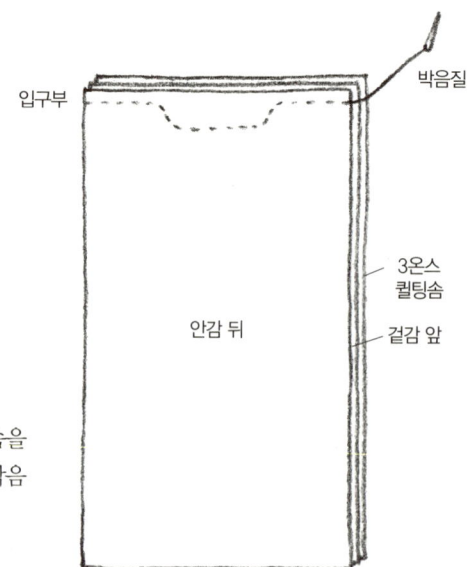

1. 겉감과 안감을 앞끼리 맞대고 겉감의 뒤에 퀼팅솜을 대어 안감-겉감-퀼팅솜 순으로 놓고 입구부의 박음질을 먼저 합니다.

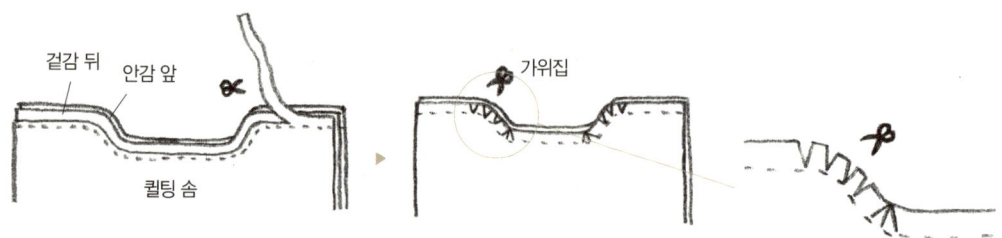

2. 시접 외 여유분은 잘라낸 뒤, 퀼팅솜의 시접은 박음질선을 따라 잘라냅니다. 그리고 곡선 부분에 가위집을 넣어주세요.

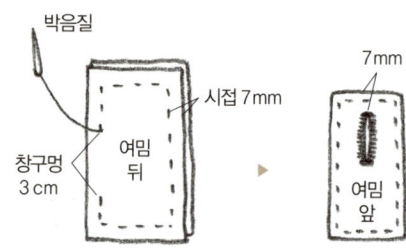

3. 여밈은 2장씩 겹쳐 테두리를 박음질하고, 창구멍을 통해 뒤집어 겹홈질로 테두리를 한 번 더 고정합니다. 그리고 단추의 사이즈에 맞게 단추구멍을 만들어주세요.

4 1은 겉감과 안감의 앞이 보이도록 뒤집어 입구부 라인을 정리하고 홈질선을 넣으며 상침합니다. 그리고 겉감의 앞 정해진 곳에 3의 여밈을 놓고 "⊠" 모양으로 겹홈질하여 고정합니다.

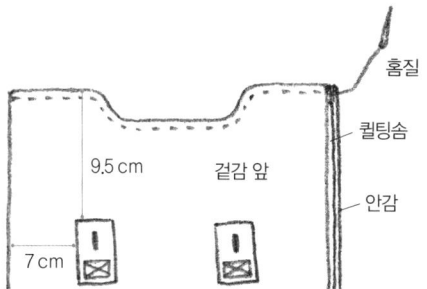

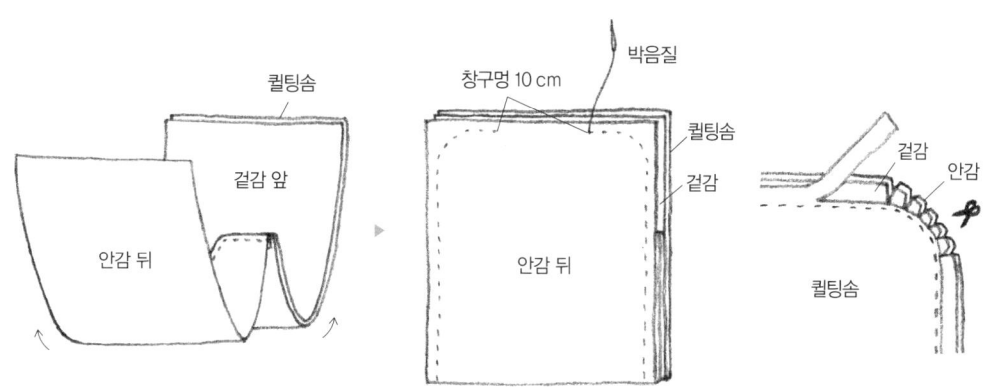

5 안감과 겉감+퀼팅솜은 각각 들어 올려 가운데 그림과 같이 모양을 만들고 테두리의 완성선을 따라 박음질합니다. 시접의 퀼팅솜은 잘라내고 곡선 부분에는 가위집을 넣어주세요.

6 창구멍을 통해 뒤집은 뒤, 덮개의 라인을 따라 홈질로 상침하며 창구멍을 막아주세요. 그리고 덮개 위 표시된 위치에 단추 2개를 연결합니다.

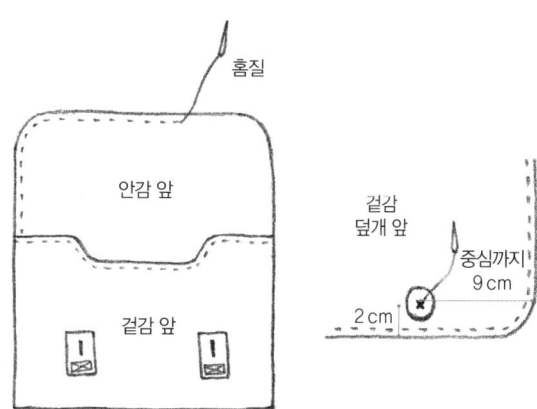

Lunch Bag
런치백

혼자 일하는 작업실에서 먹는 점심은 늘 도시락입니다.
도시락통에는 손잡이가 있지만 그냥 달그락 들고 다니기보다
가방에 따로 담아 다니는 것이 좋습니다.
어린 시절의 기억도 불러와 더 정감가는 도시락이 됩니다.

How to make 런치백

완성품 사이즈 17×13×높이 13cm

Material

겉감 체크 ······ 32×44cm
　　 무지 ······ 32×12.5cm 2장
안감 ·········· 32×51cm
손잡이 앞면 ······ 6×43cm
　　　 뒷면 ······ 6×39cm
3mm 면끈 ······ 66cm 2개

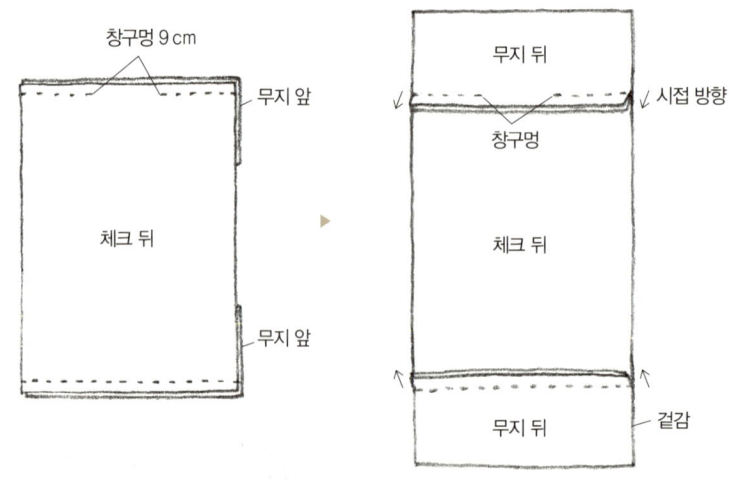

1 체크의 위아래 가로 길이에 무지를 박음질로 연결해 오른쪽 그림과 같이 펼쳐서 시접을 정리합니다.

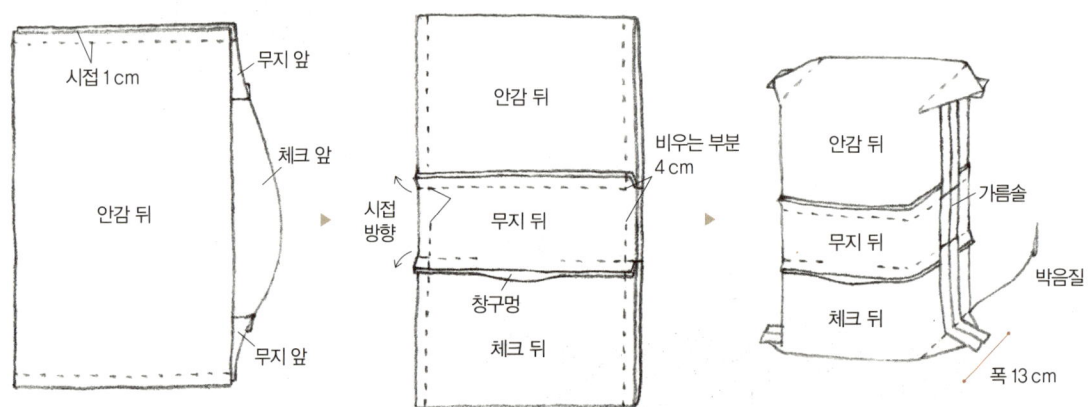

2 1의 겉감과 안감을 앞끼리 맞대어 가로 길이를 박음질로 연결하고 펼쳐서 반접은 모양을 만들어주세요.
   이때 서로의 연결선이 어긋나 만나지 않도록 위치를 잡고 시접 방향을 정리해 양 옆선을 박음질합니다.
   무지 부분에 안감과 만나는 연결선 아래 4cm는 박음질하지 않고 비워둡니다. 그리고 바닥폭을 잡아주세요.

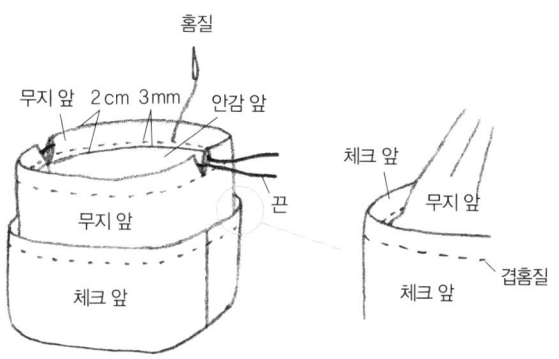

3 창구멍을 통해 뒤집은 다음, 런치백의 모양이 나오도록 정리합니다.
먼저 무지는 안쪽으로 2cm 접어 넣어 전체적인 주머니 형태를 만들고 연결선 3mm 위에 홈질로 상침합니다.
체크도 안쪽으로 1.5cm 접어 넣어 연결선 위에 겹홈질로 상침하여 모양을 고정합니다.
그리고 무지의 입구부에는 왼쪽 그림과 같이 조이는 끈을 양편 모두 넣어주세요

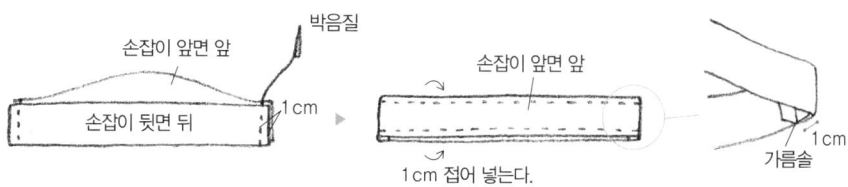

4 손잡이는 핸드 스트랩처럼(86p) 비대칭의 길이로 연결해 앞면과 뒷면의 연결부를 뒷쪽으로 위치시킵니다.
그리고 옆선의 시접은 1cm씩 안쪽으로 접어 넣고 겹홈질로 상침하여 손잡이를 완성합니다.

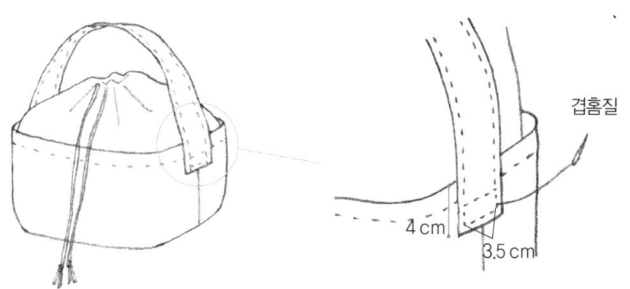

5 정해진 곳에 손잡이를 위치시키고, 체크 입구부 상침선 아래에 사각 모양으로 겹홈질선을 넣어 안감까지 함께 꿰매어 고정합니다.

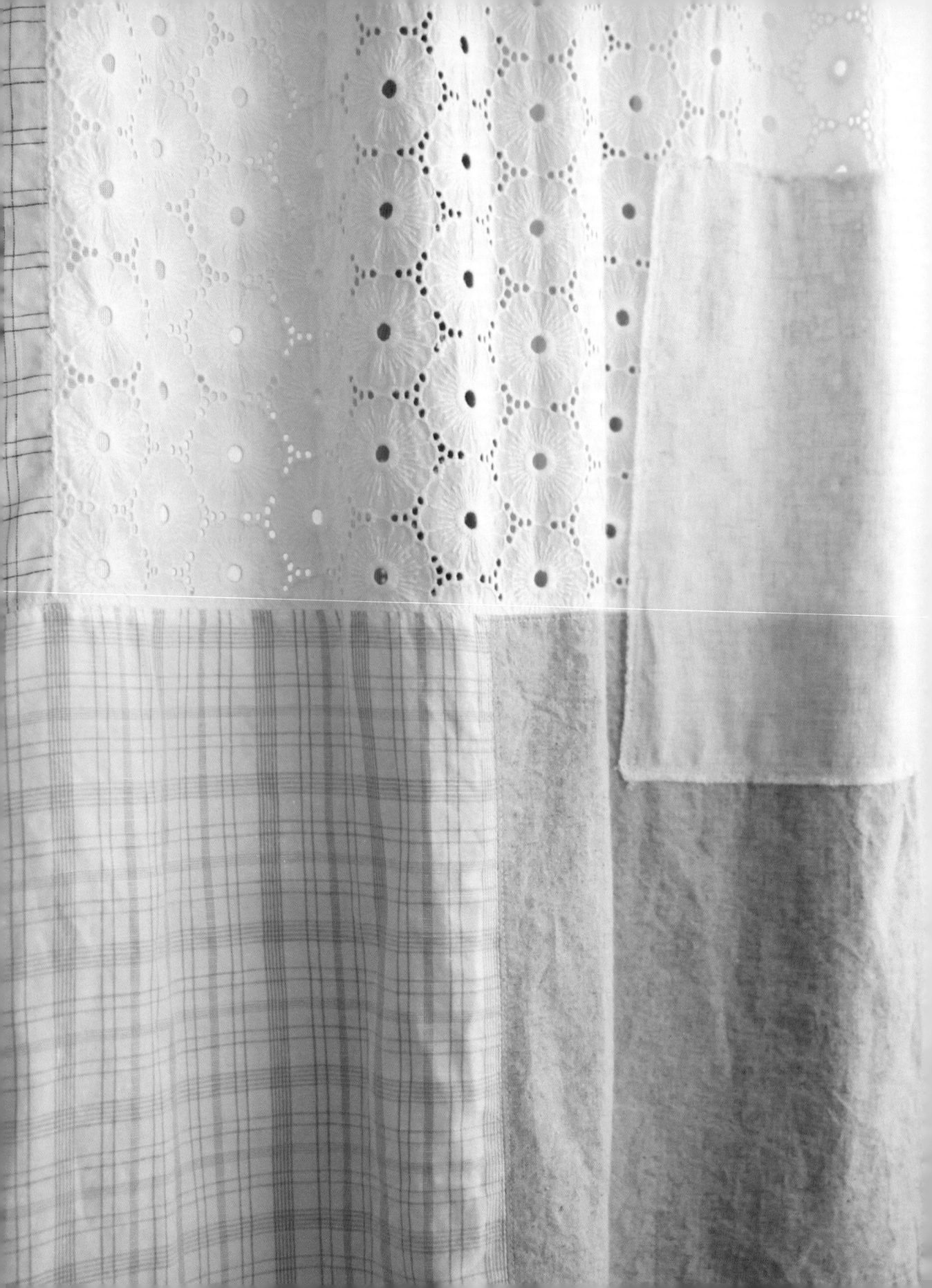

3
정성을 다하는

Wall Pocket
월 포켓

자주 쓰는 물건을 수납하거나 기억하고 싶은 물건을 보관하는 월 포켓.
우편함을 모티브로 만든 월 포켓에는 네임 포켓이 달려 있어 각 칸마다 이름을 넣을 수 있습니다.
쉽게 구할 수 있는 바인더 클립을 사용해 벽에 걸어주세요.

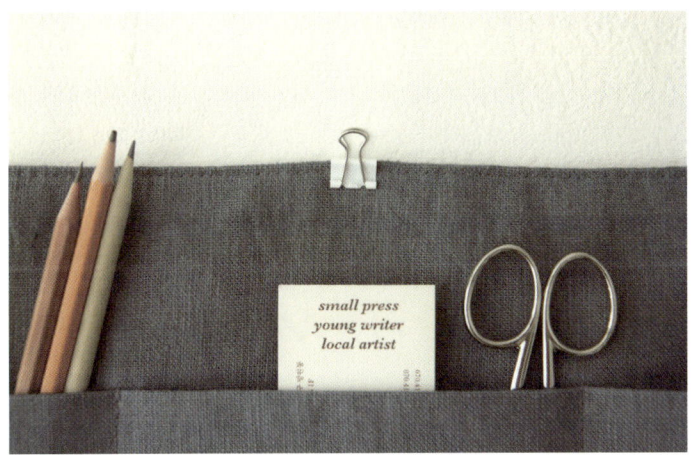

How to make 월 포켓

완성품 사이즈 45×33cm

Material

몸판 ············ 47×90cm
포켓 ············ 47×22cm
네임포켓 ········ 7×4cm 12장
바인더 클립 ····· 3~4개
자수실

1 네임포켓은 양면접착시트로 2장을 붙이고 가운데를 잘라내 모양을 만듭니다.

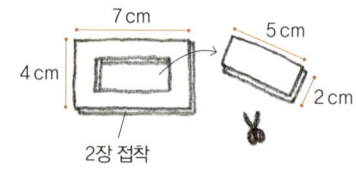

2 몸판은 앞이 보이도록 반을 접어 정해진 곳에 네임포켓 3개를 겹홈질로 붙여주세요.

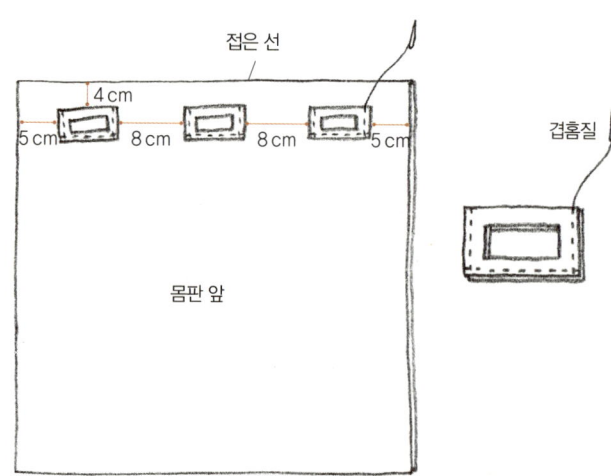

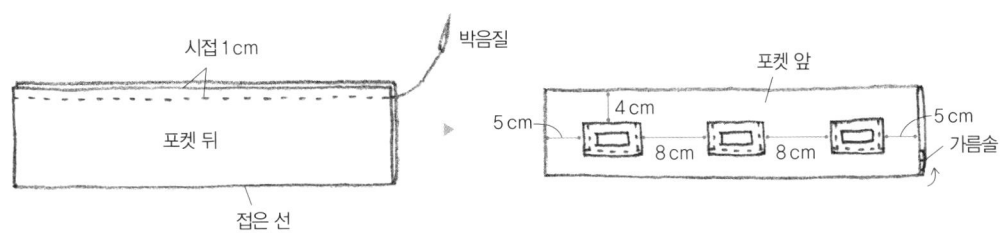

3 포켓은 뒤가 보이도록 반접은 뒤, 맞닿은 가로 길이를 박음질로 연결하고
   뒤집어서 연결부가 안쪽으로 위치하도록 모양을 잡아, 네임포켓 나머지 3개를 겹홈질로 붙입니다.

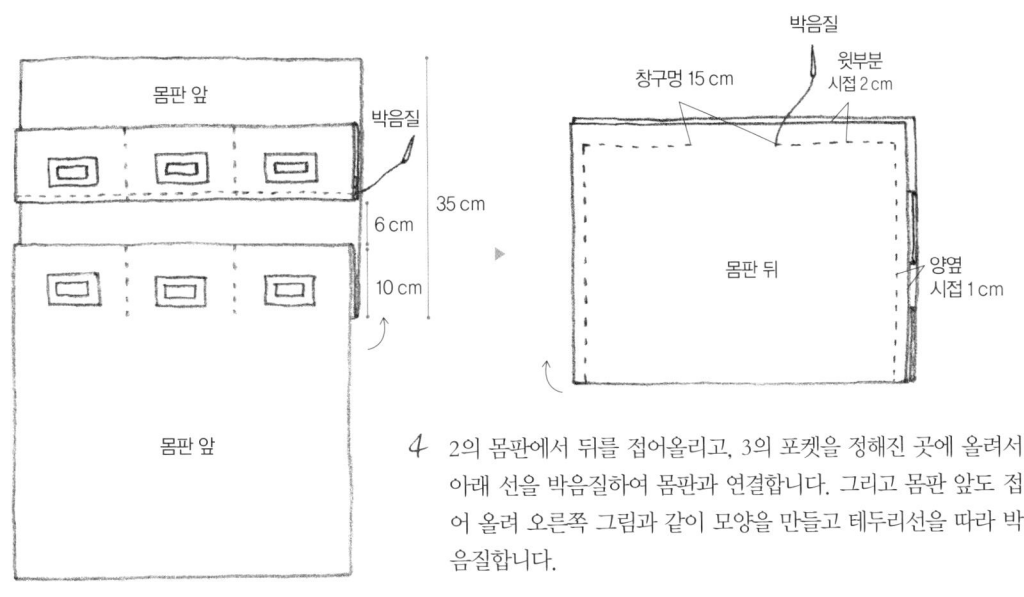

4 2의 몸판에서 뒤를 접어올리고, 3의 포켓을 정해진 곳에 올려서 아래 선을 박음질하여 몸판과 연결합니다. 그리고 몸판 앞도 접어 올려 오른쪽 그림과 같이 모양을 만들고 테두리선을 따라 박음질합니다.

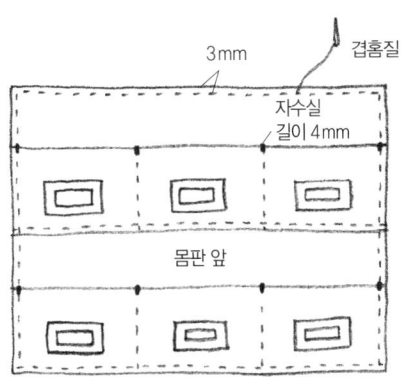

5 창구멍을 통해 뒤집은 다음, 모양을 정리하고 테두리를 따라 겹홈질로 상침합니다. 포켓의 입구부 위쪽은 자수실 3겹으로 2번 감아 든든하게 고정해주세요.

Multi Pocket Pouch
멀티포켓 파우치

문구를 좋아하는 사람에게 선물하고 싶은, 노트와 펜을 함께 보관하는 다용도의 파우치입니다.
바느질을 좋아하는 사람에게는 자투리 천과 가위, 작은 도구를 담는 파우치가 될 수도 있습니다.

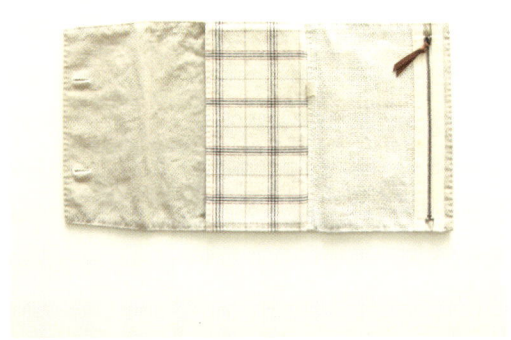

How to make 멀티포켓 파우치

완성품 사이즈 닫았을 때 23×17cm 열었을 때 45×17cm

Material

겉감 체크 ················· 25×47cm
지퍼 포켓부 상단 무지 ··· 25×4.5cm
　　　　　 메쉬 ········· 25×15.7cm
　　　　　 안감 무지 ··· 25×19cm
주머니 포켓부 체크 ······ 25×13.5cm
　　　　　 무지 ······ 25×40.5cm

12mm 코튼테이프 ··· 25cm 2개
15mm 리넨테이프 ··· 5.5cm
18mm 단추 ·········· 2개
20cm 지퍼

1 **지퍼 포켓부** 지퍼면의 양 끝단을 그림과 같이 바깥 방향으로 꺾어 접어서 한 땀 잡아 고정합니다.

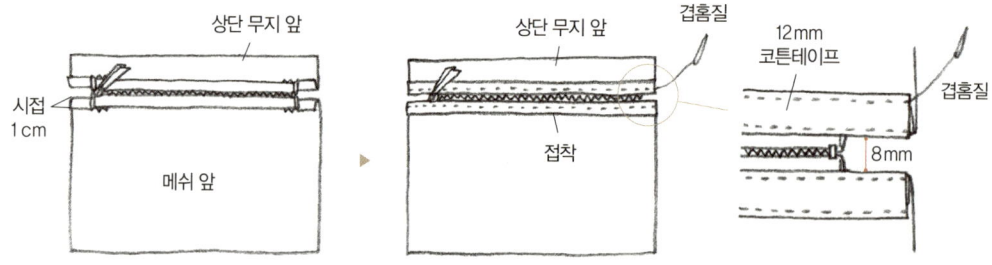

2 **지퍼 포켓부** 메쉬와 상단 무지의 시접 1cm를 앞으로 접은 뒤 왼쪽 그림과 같이 배치해 지퍼를 올려둡니다. 이때 바느질용 양면테이프를 사용하면 작업이 보다 수월합니다. 그리고 지퍼 위에 12mm 코튼테이프를 올려 지퍼면과 시접이 보이는 부분을 덮고 겹홈질로 위아래 상침하여 마감합니다.

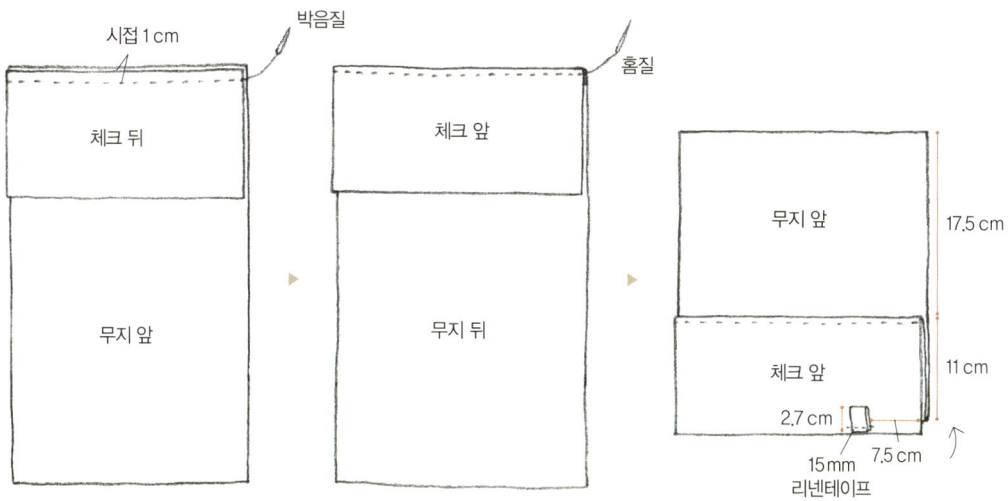

3 주머니 포켓부 체크와 무지의 앞끼리 맞대어 가로 길이 한쪽을 연결합니다. 체크 앞이 보이도록 뒤집어서 연결선 따라 홈질로 상침하고 오른쪽 그림과 같이 리넨을 접어 올려 모양을 만들어주세요. 펜포켓이 되는 15mm 리넨테이프는 반으로 접어 체크 앞 정해진 곳에 고정합니다.

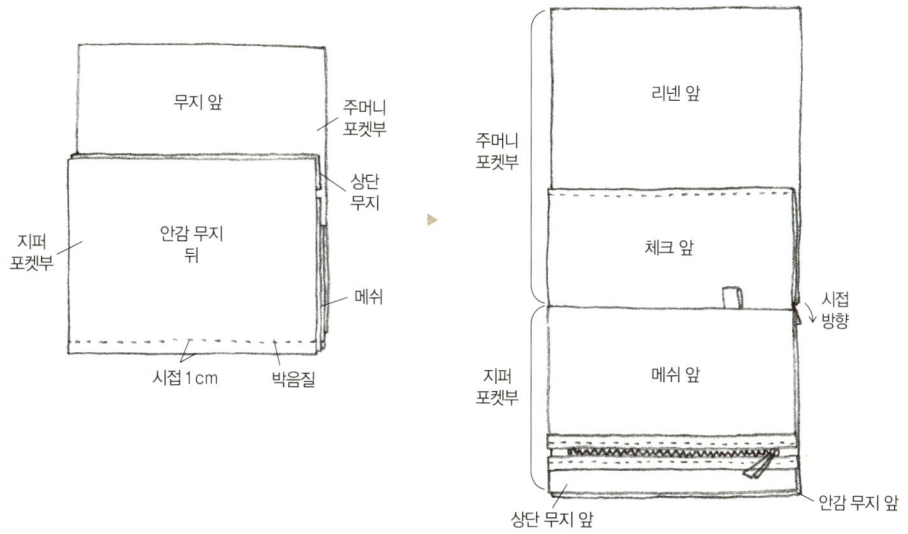

4 지퍼 포켓부와 **주머니 포켓부**의 연결입니다.
3의 주머니 포켓부 위에 지퍼 포켓부가 앞끼리 마주하도록 포개고 그 위에 지퍼 포켓부의 안감도 함께 올려주세요. 그리고 연결부를 박음질합니다. 연결이 끝나고 펼치면 파우치의 내부가 완성됩니다.

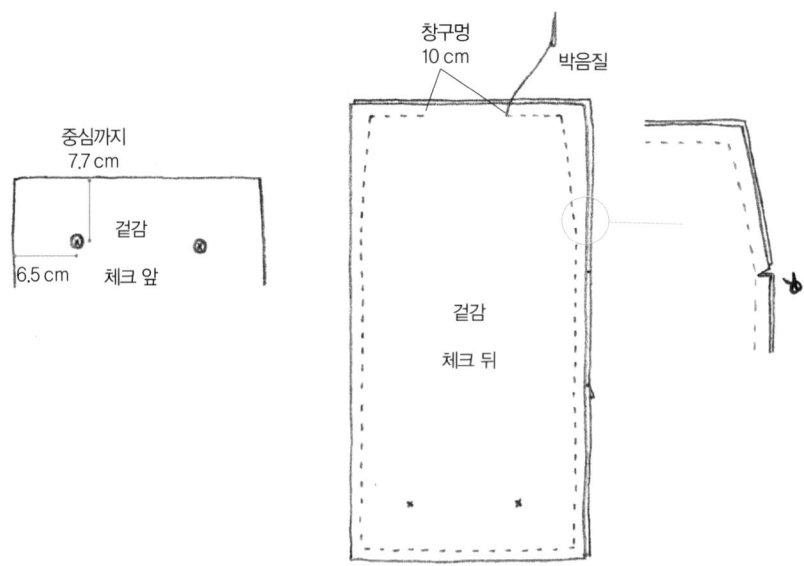

5 겉감의 체크 앞에는 표시된 곳에 단추를 먼저 연결하고, 4에서 완성된 내부와 포개어 테두리 완성선을 따라 창구멍을 남기고 박음질합니다. 그리고 덮개가 시작되는 선이 꺾이는 부분(덮개 시작점)에 가위집을 넣어주세요.

6 창구멍을 통해 뒤집은 뒤, 모양을 정리하고 테두리를 따라 홈질로 상침합니다. 지퍼 포켓부와 주머니 포켓부의 연결선을 따라 지퍼 포켓부에 홈질선을 넣어 겉감과 함께 꿰매어 고정해주세요. 마지막으로 단추구멍을 만들어 완성합니다.

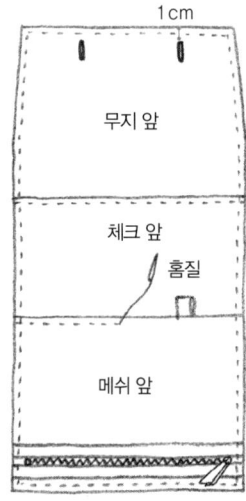

Patchwork Curtains
패치워크 커튼

커다란 패치워크의 작업에 몰두하는 시간.
햇빛이 통과해 들어오는 패치워크를 보면 또 다른 멋을 느낄 수 있습니다.
아련히 비춰지는 시접과 바늘길이 패치워크 커튼을 만들게 되는 이유가 되기도 합니다.

How to make 패치워크 커튼

완성품 사이즈 107×117cm 패치워크 완성 사이즈 112×130cm

Material

겉감 a ··· 51.5×91cm
　　　b ··· 62.5×38cm
　　　c ··· 62.5×55cm
　　　d ··· 44.5×25.5cm
　　　e ··· 74.5×41cm
　　　f ··· 39.5×41cm
　　　g ··· 15×18cm
　　　h ··· 31×24cm
　　　I ··· 21×29cm
안감 ······ 107×111cm

1 a+b+c+e+f의 연결은 투웨이 포켓의 패치워크 과정(104p)과 동일합니다. g, h, I는 테이블 매트의 과정(54p)처럼 양면접착시트를 사용해 테두리를 부착하고 홈질로 상침하여 완성합니다.

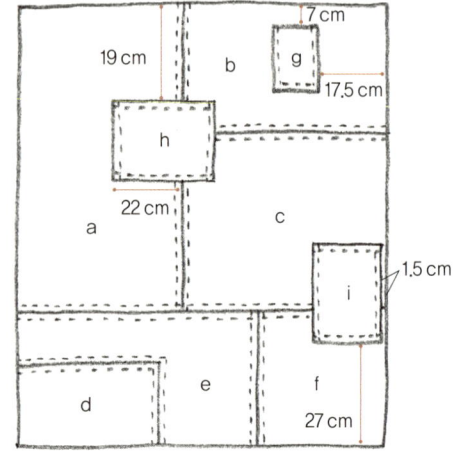

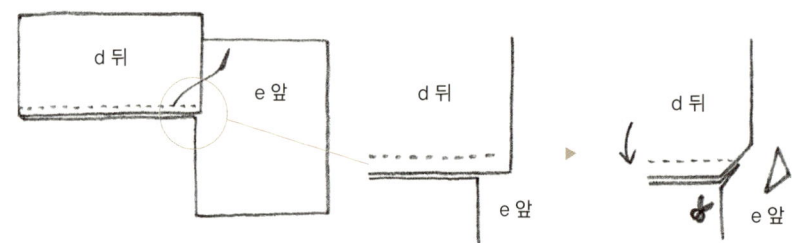

2 d와 e의 자세한 연결방법입니다. 왼쪽 그림과 같이 d와 e의 가로 길이를 박음질로 먼저 연결한 다음, 오른쪽 그림처럼 d는 잘라내고 e는 가위집을 넣어 시접을 정리합니다. 그리고 d를 내려 펼쳐주세요.

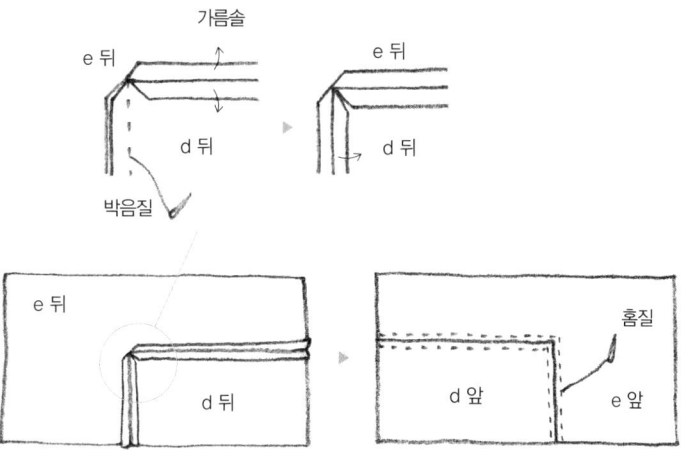

3   2의 과정을 끝내고 뒤집은 모습니다. 2의 연결선은 시접을 가름솔하고 이번에는 d와 e의 세로 길이를 박음질로 연결합니다. 그리고 시접을 가름솔하여 정리하면 왼쪽 그림과 같습니다. 앞으로 뒤집어 연결선을 따라 홈질로 상침해주세요.

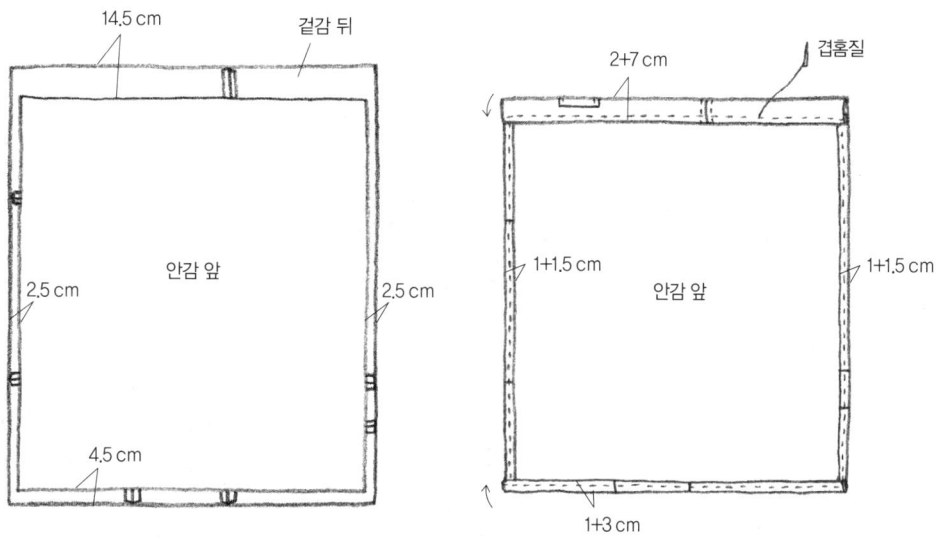

4   완성된 겉감의 뒤에 안감을 올려 시침질로 고정합니다.
    안감을 감싸듯 겉감의 세로 길이와 가로 길이를 표시된 길이대로 두 번씩 접어 테두리 전체를 겹홈질합니다.

Tote Bags
토트백

지루하지 않은 베이직 타입을 그리며 만든 토트백입니다.
도톰하고 힘있는 리넨을 사용해 튼튼한 느낌.
매일의 가방으로 들고 다니면서 시간이 흐르고 손에 길들여지면
지금보다 멋진 가방이 되어있을 것 같습니다.

How to make 토트백

완성품 사이즈 30×33×폭 8cm (손잡이 제외)

Material

겉감 몸판 ········ 40×84cm
　　바닥 ········ 40×10cm
안감 ············ 40×68cm
끈 ·············· 6×102cm 4장

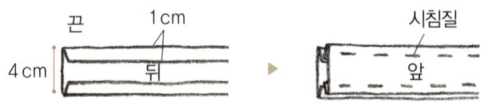

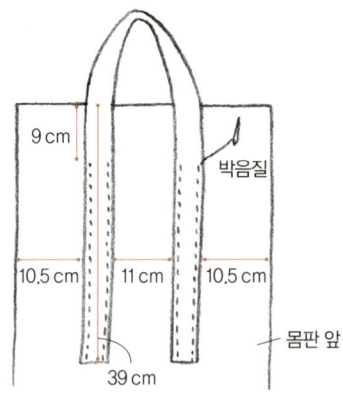

1. 끈은 양옆 시접을 1cm씩 접은 후, 오른쪽 그림과 같이 2장을 맞대어 시침질로 고정합니다.

2. 겉감의 몸판 앞 정해진 곳에 끈을 위치시키고 양 옆선을 따라 표시된 부분까지만 박음질합니다.

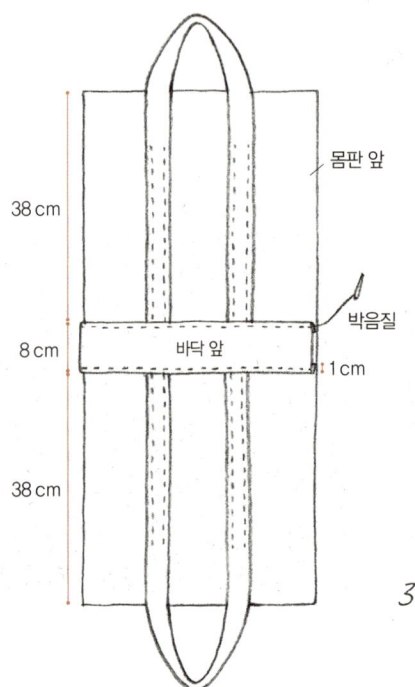

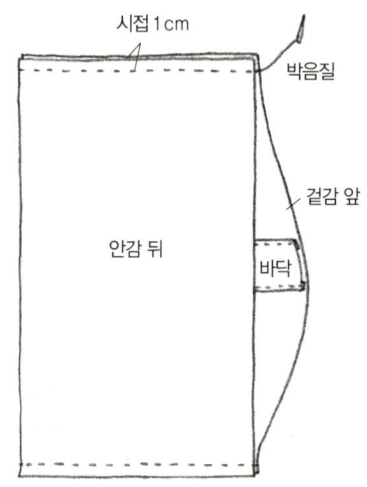

3. 겉감 바닥은 가로 길이의 시접 1cm씩 안쪽으로 접어, 2의 몸판 가운데 올려두고 박음질로 고정합니다. 그리고 안감과 겉감의 앞끼리 맞대어 위아래 가로 길이를 박음질로 연결해주세요.

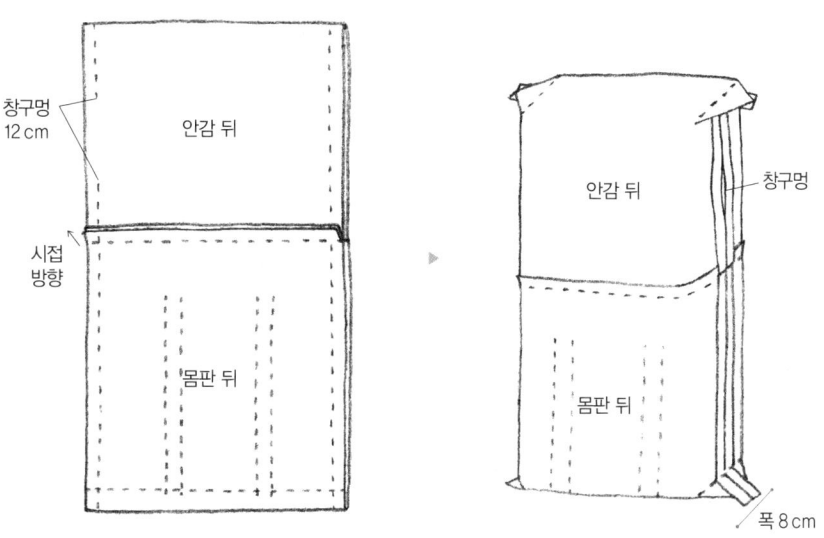

4 연결된 겉감과 안감은 펼쳐서 반접은 형태로 만들고 양 옆선을 박음질합니다. 이때 시접은 안감 방향으로 정리하고 안감의 한쪽에 창구멍을 남겨주세요. 그리고 바닥폭을 만듭니다.

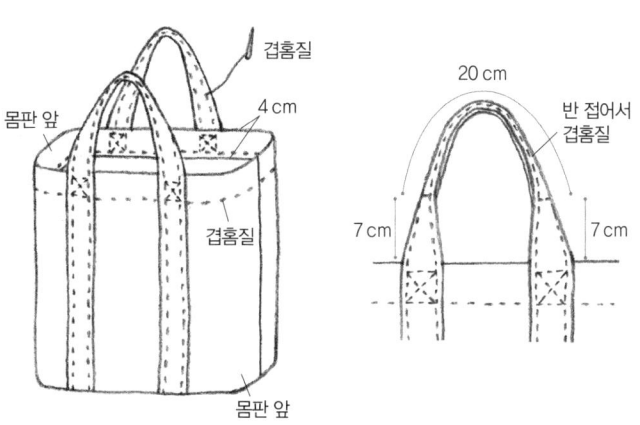

5 창구멍을 통해 뒤집은 겉감을 안쪽으로 4cm 접어 넣어 가방의 형태를 만들고 겉감과 안감 연결선 위 3mm선을 따라 겹홈질로 상침합니다. 끈의 남은 부분도 겹홈질로 상침하고 몸판과는 "⊠" 모양으로 고정합니다. 끈의 손잡이 부분 가운데는 반으로 접은 후, 한 번 더 겹홈질로 고정하여 든든한 손잡이의 모양을 완성합니다.

Bag in Bag
백인백

외출할 때 늘 찾게 되는 소지품을 담아 보관하는 백인백.
매일 다른 가방을 들더라도 짐을 옮기는 수고로움을 덜어주는 고마운 가방입니다.
외부는 정갈한 모습으로, 내부는 지퍼, 메쉬 등 다양한 포켓을 넣어
수납이 편리하도록 만들었습니다.

How to make 백인백

완성품 사이즈 22×17×폭 8cm

Material

겉감 전, 후면 ……… 24×41cm 2장
　　측면 ………… 10×58cm

안감 전면 ………… 24×38.5cm
　　전면 상단 …… 24×4.5cm
　　후면 ………… 24×42.5cm
　　후면 상단 …… 24×4.5cm
　　후면 메쉬 …… 24×12.5cm
　　측면 ………… 10×53cm
　　측면 상단 …… 10×4.5cm 2장

10mm 리넨테이프 … 24cm 2개
12mm 리넨테이프 … 15cm 2개
11mm 가시도트 …… 1세트
20cm 지퍼

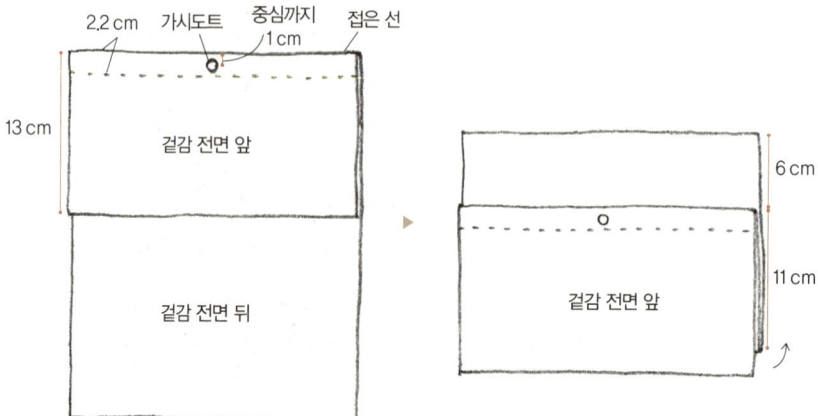

1. **겉감 전면** 왼쪽 그림과 같이 접어 가운데 가시도트 한짝을 연결하고, 접은 선 아래 2.2cm 선을 따라 겹홈질로 상침합니다. 그리고 뒤로 접어 올려 오른쪽 그림과 같은 모습을 만들고 가시도트의 나머지 짝을 연결해 주세요.

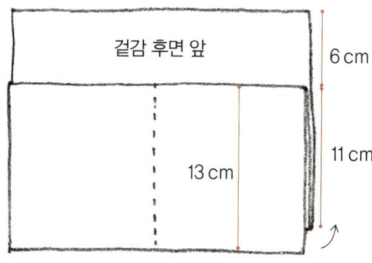

2. **겉감 후면** 1의 전면과 같이 동일한 길이대로 접고 가운데 박음질선을 넣어주세요.

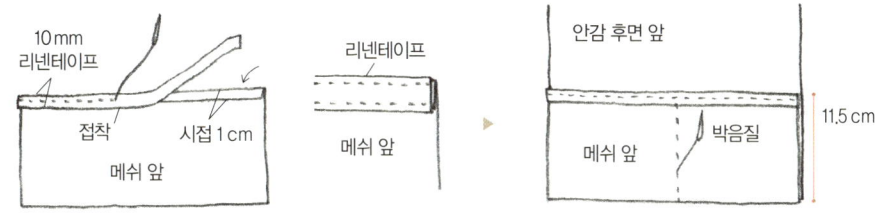

3 **안감 후면** 메쉬의 가로 길이 시접 1cm를 앞으로 접고 그 위를 10mm 리넨테이프로 덮어 위아래 겹홈질로 고정합니다. 그리고 오른쪽 그림과 같이 안감 후면 앞 아래에 위치시켜 가운데 박음질선을 넣어 고정해주세요.

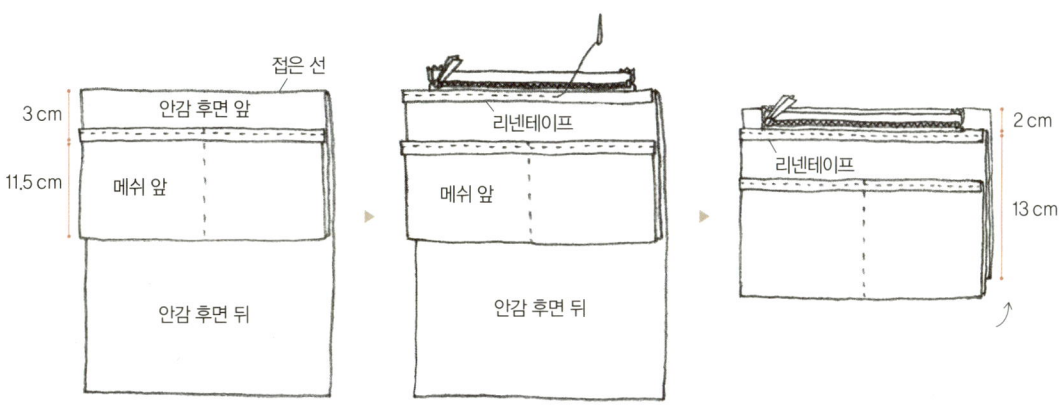

4 **안감 후면** 3에서 메쉬와 연결된 안감 후면은 왼쪽 그림과 같이 접어주세요. 접은 선 위에 지퍼를 올리고 10mm 리넨테이프로 덮어 위아래 겹홈질로 마감합니다(지퍼의 처리와 연결은 멀티포켓 파우치 과정 2(142p)와 동일). 그다음 안감 후면의 뒤를 접어 올려서 오른쪽 그림과 같은 모습을 만들어주세요.

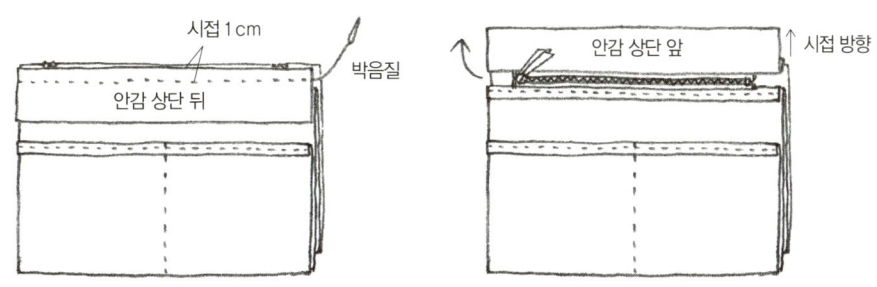

5 **안감 후면** 4의 위에 안감 후면 상단을 올리고 가로 길이를 박음질로 연결해 펼치면 안감 후면이 완성됩니다.

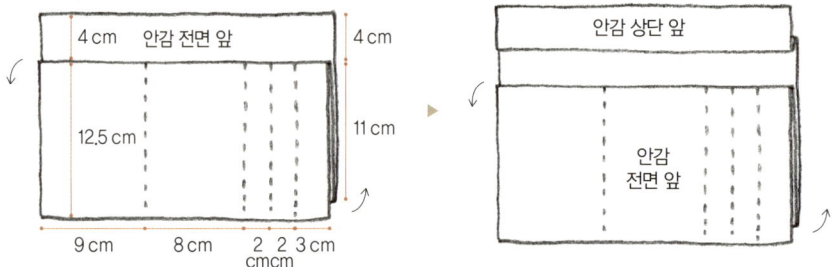

6 **안감 전면** 안감의 전면을 그림과 같이 접어 표시된 길이대로 포켓의 구분선을 박음질하여 넣어주세요. 5의 과정처럼 위에 안감 상단을 연결합니다.

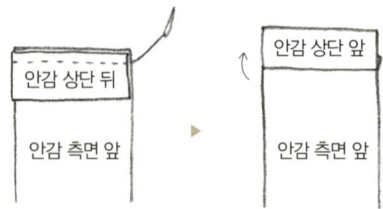

7 **안감 측면** 전·후면과 동일한 과정으로 양쪽 가로 길이에 상단을 연결해주세요.

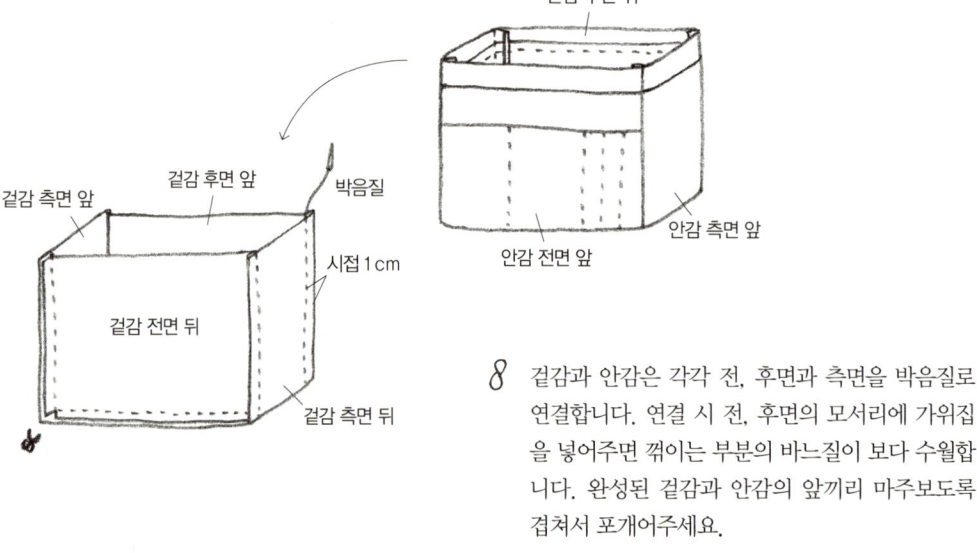

8 겉감과 안감은 각각 전, 후면과 측면을 박음질로 연결합니다. 연결 시 전, 후면의 모서리에 가위집을 넣어주면 꺾이는 부분의 바느질이 보다 수월합니다. 완성된 겉감과 안감의 앞끼리 마주보도록 겹쳐서 포개어주세요.

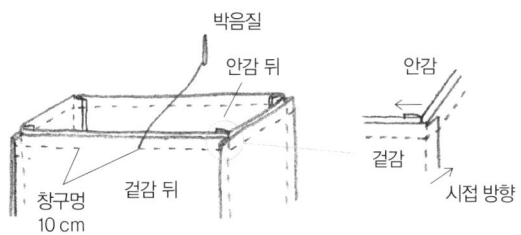

9 창구멍을 남기고 입구부를 한 바퀴 박음질합니다.
   겉감과 안감의 시접은 오른쪽 그림과 같이 서로 어긋나게 방향을 정리해주세요.

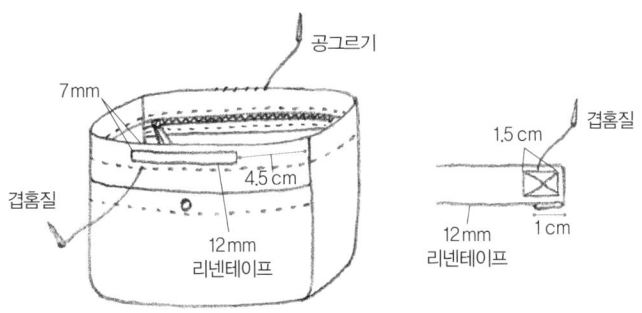

10 뒤집어서 가방의 모양을 정리합니다. 창구멍은 공그르기로 막아주세요.
    마지막으로 손잡이가 되는 12mm 리넨테이프의 양끝을 "⊠" 모양으로 겹홈질하여
    가방에 고정합니다.

Patterns
도안

축소된 도안을 원래 크기로 확대 복사하는 법
100(%) ÷ 축소된 크기(%) × 100
(예) 80%로 축소된 도안은 125%로 확대 복사
　　　100(%) ÷ 80(%) × 100 = 125% 확대복사

코스터
p.40

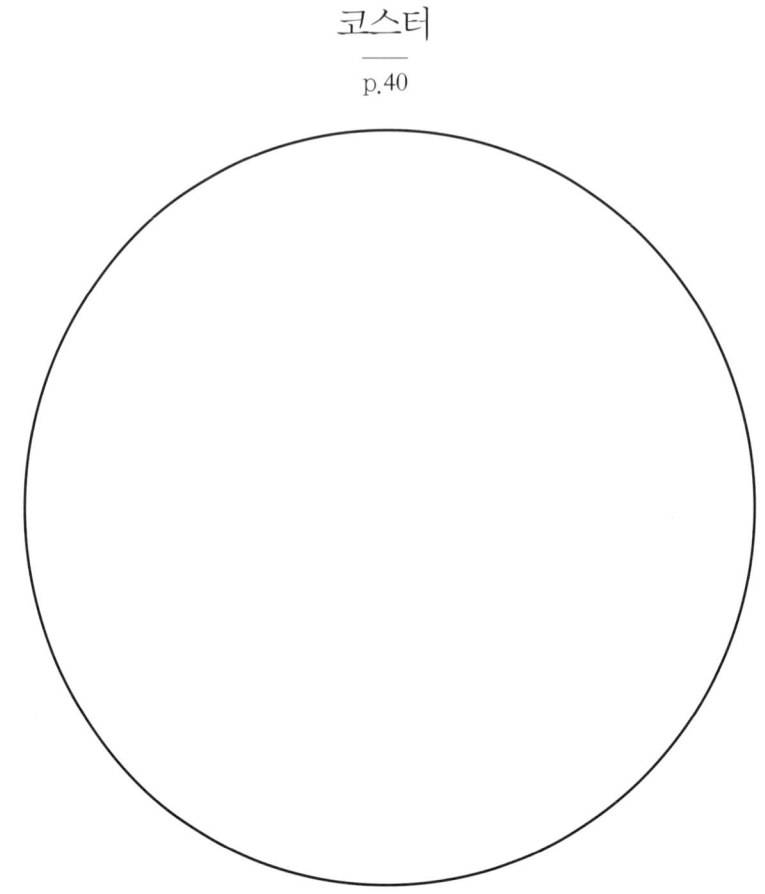

팟홀더
p.44

테이블 매트
p.53

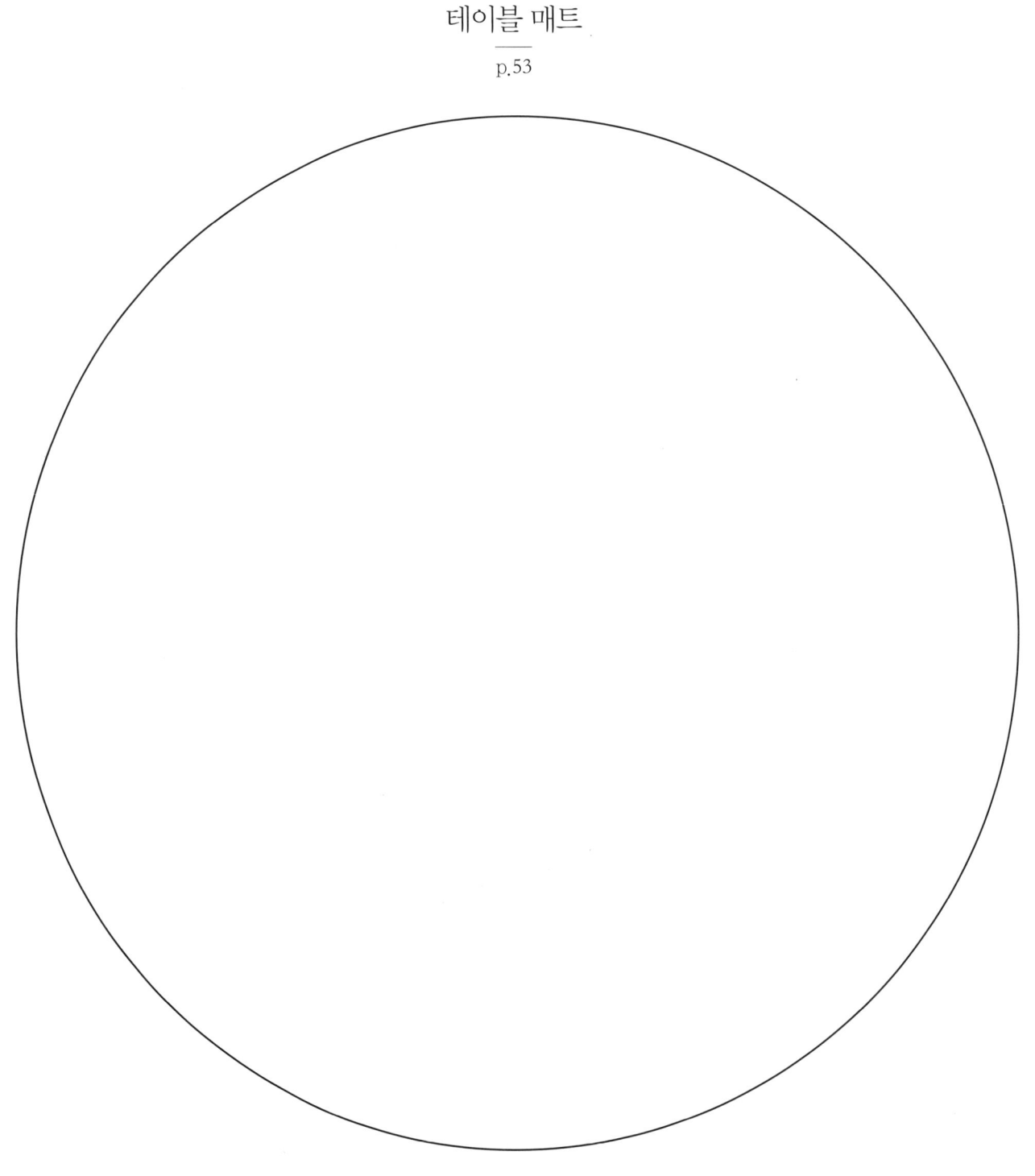

행잉 바스켓
p.61

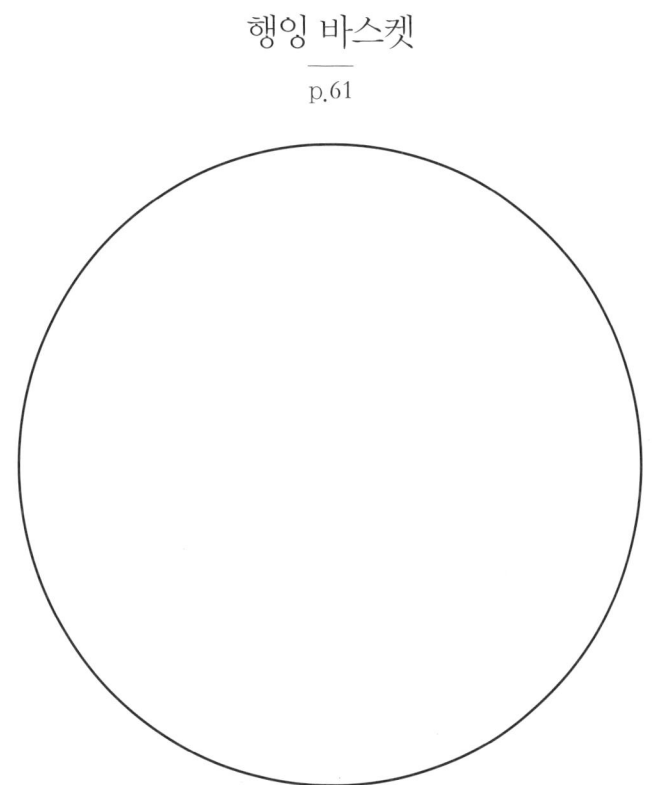

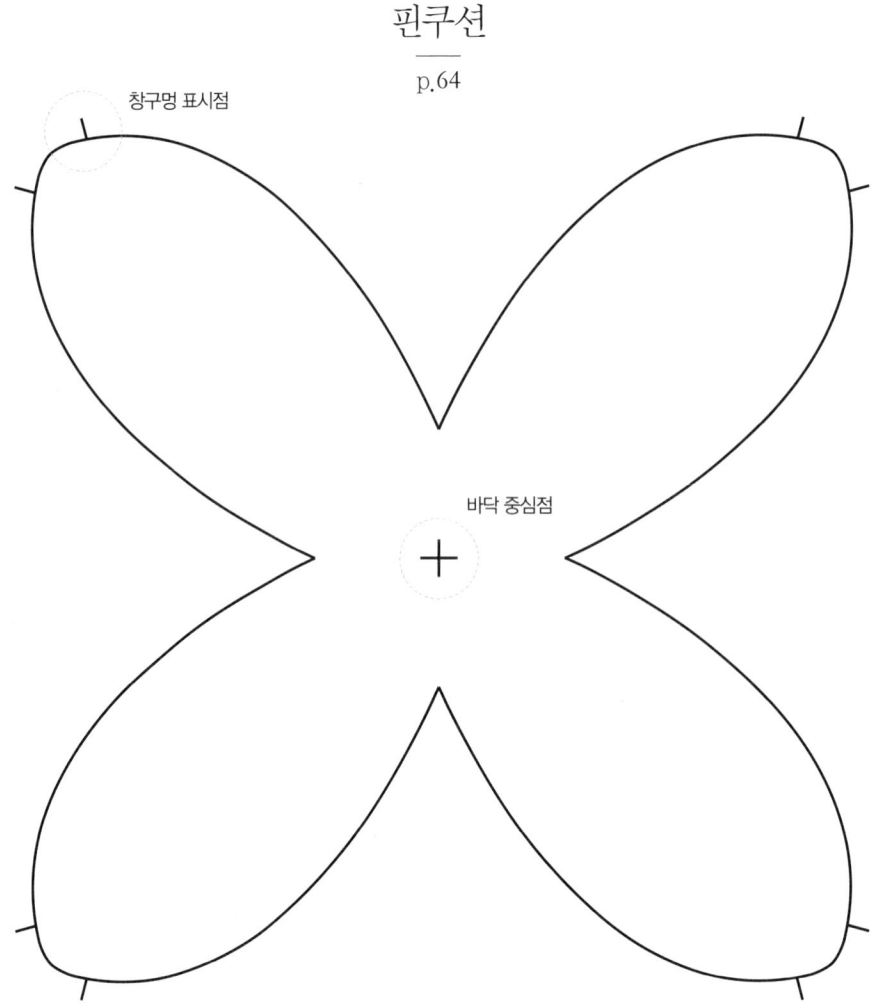

— 덮개 시작점

롤 케이스(50%)
p.68

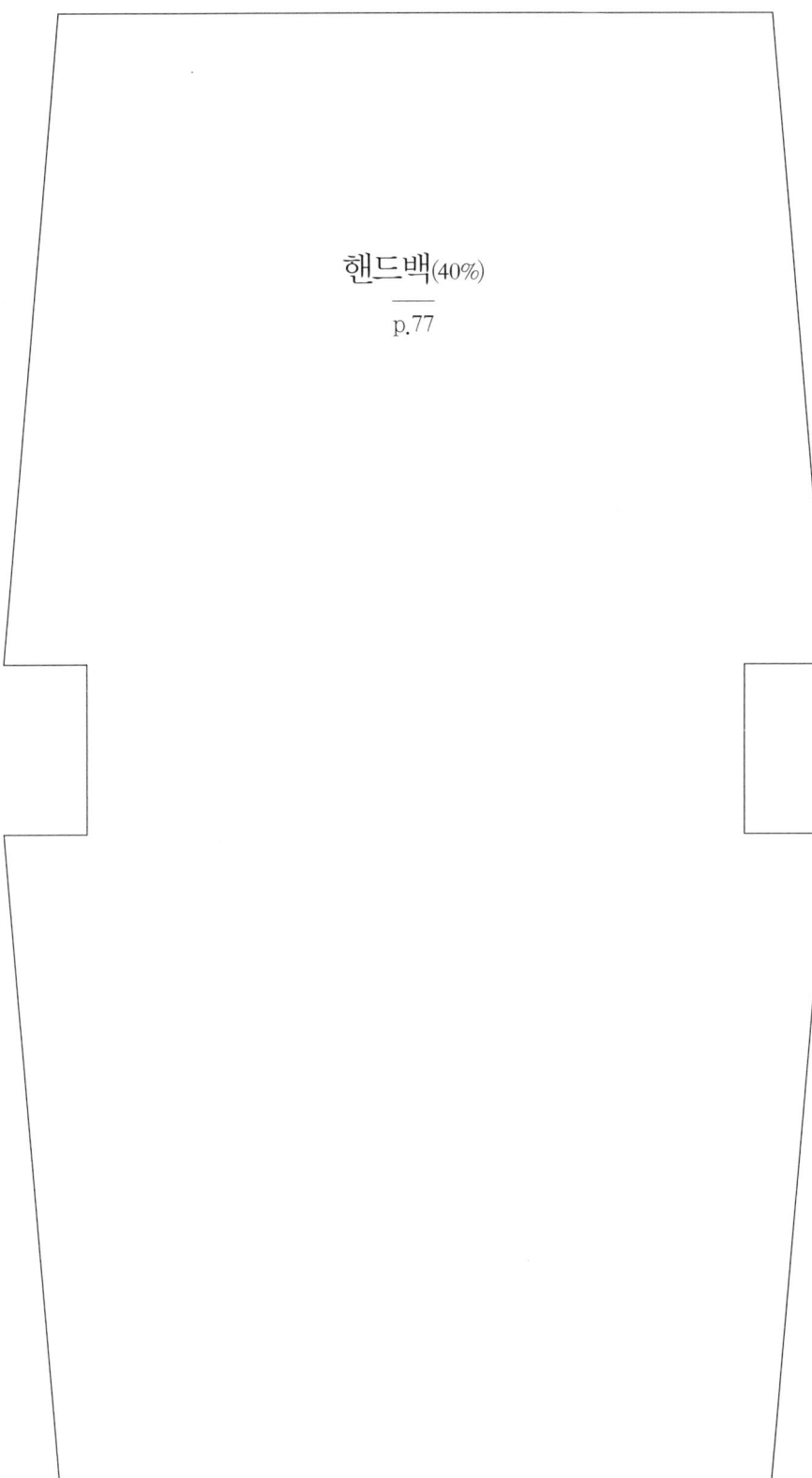

가시도트 중심점

카드포켓
p.81

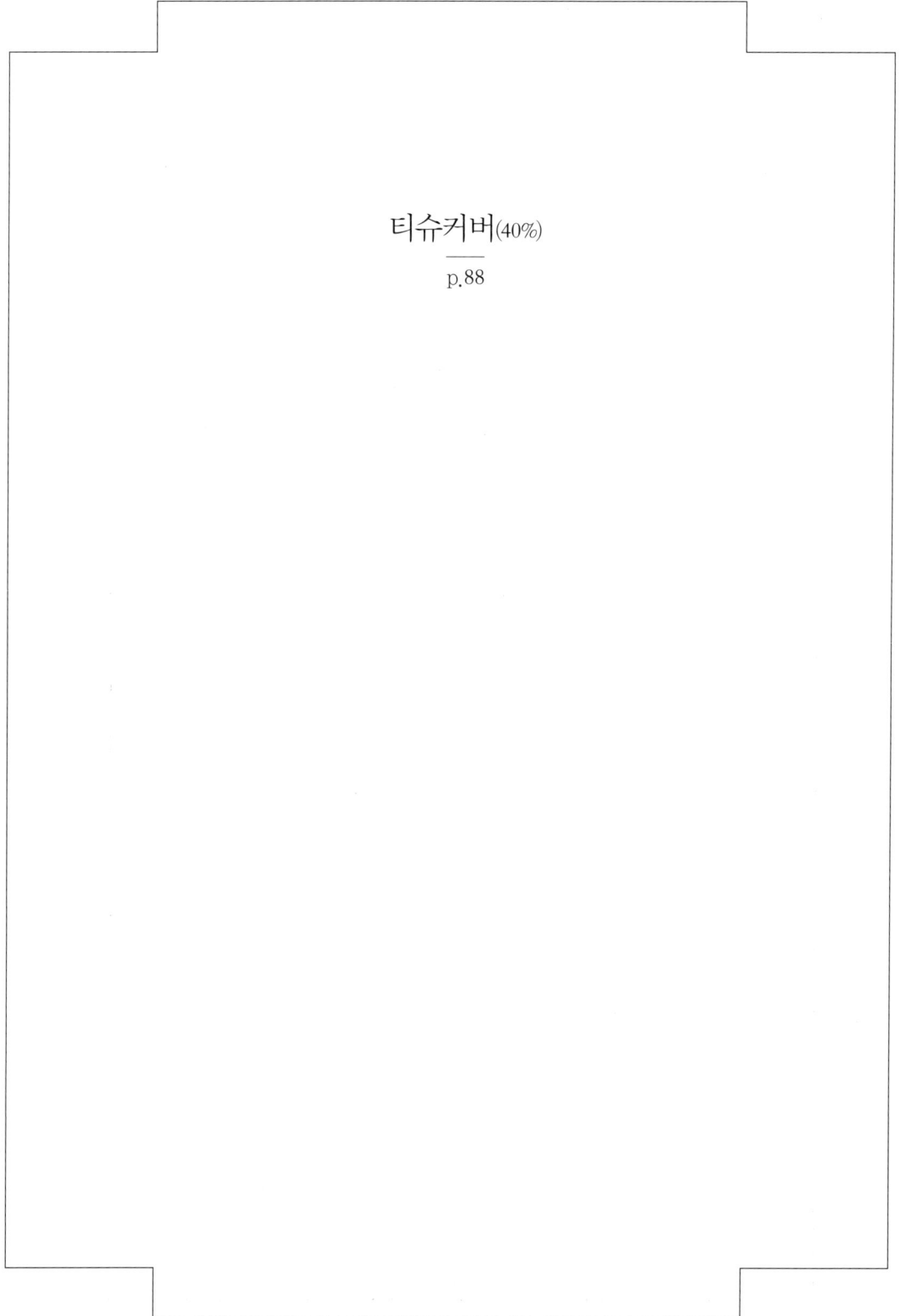

티슈커버 (40%)
p.88

트래블 스트링파우치(80%)

p.97

1 2 3
4 5 6
7 8 9 0

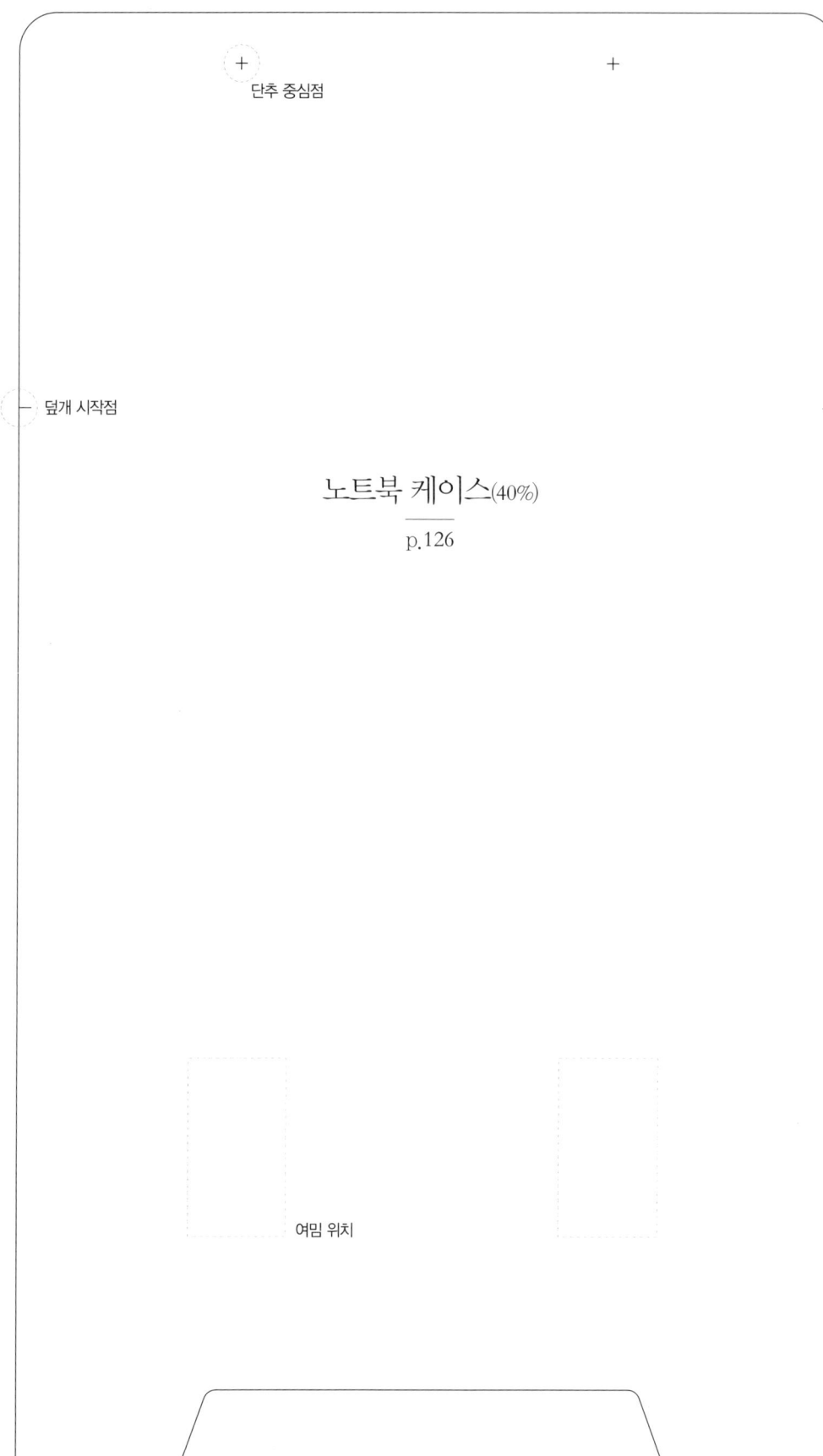

단추구멍 위치

덮개 시작점

멀티포켓 파우치 (50%)
p.140

단추 중심점

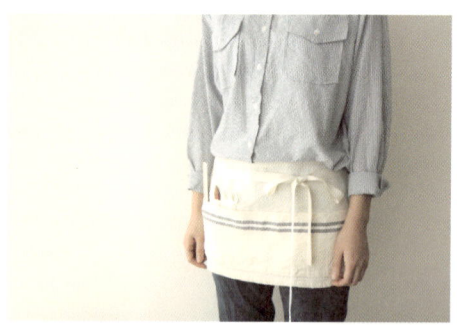

모델 박소언, 이난수

장소협조 bplusm

저의 바느질을 책으로 담기까지 함께 만든 팜파스와 격려하고 조언해주신 분들,
아낌없이 도와주고 응원을 보내준 친구들과 가족에게 고마움을 전합니다.